Michael Eschweiler

»Finde Deinen Weg ... und geh!«

Michael Eschweiler

»Finde Deinen Weg ... und geh!«

Begegnungen, Erlebnisse und Einsichten auf dem Jakobsweg

mit einem Geleitwort von Abtprimas Notker Wolf

BARTON VERLAG

Erste Auflage 2015

Der Barton Verlag ist ein Imprint der Velbrück GmbH, Weilerswist
www.barton-verlag.de
Printed in Europe
Lektorat: Hermann Schlagheck, Swisttal
Layout und Satz: Katharina Jüssen, Metternich

ISBN 978-3-934648-04-3

Bibliografische Information der Deutschen Nationalbibliothek
Die Deutsche Nationalbibliothek verzeichnet diese Publikation in der Deutschen Nationalbibliografie; detaillierte bibliografische Daten sind im Internet über http://dnb.ddb.de abrufbar.

Dieses Buch ist allen Menschen gewidmet,
die mir mit ihrem Leben und ihrem Glauben
geholfen haben, meinen Camino zu finden,
und allen, die die Suche nach ihrem Camino
noch nicht aufgegeben haben ...

Inhaltsverzeichnis

Geleitwort von Abtprimas Notker Wolf

Wer aufbricht, hat gewöhnlich ein festes Ziel vor Augen. Ausbrechen aus dem gewöhnlichen Leben, sich auf den Weg machen – das tun heute wieder viele. Es ist die alte Tradition des Pilgerns und nicht wenige haben sich in der Tat einen der alten Wallfahrtsorte vorgenommen, wie Santiago de Compostela. Der »Camiño« – der Weg schlechthin – ist heute wieder zum Inbegriff des Pilgerns geworden.

Wenn wir die Pilger nach ihrer Rückkehr über ihre Erlebnisse auf diesem Weg fragen, geraten viele ins Schwärmen. Sie würden am liebsten wieder aufbrechen und tun es auch oft, zu anderen Orten. Die Ziele werden dabei immer weniger wichtig. Der Weg selbst wird zum Ziel, das Unterwegs-Sein. Es ist die wohltuende Erfahrung des Wanderns, der frischen Luft, der freien Natur mit ihren Schönheiten, der Erfahrung des Zusammenseins mit anderen, aber auch des Seins mit sich selbst, das am Anfang vielleicht sogar beschwerlicher ist als eine lange Wegstrecke. Es ist die herrliche Erfahrung von Gastfreundschaft, der Großherzigkeit anderer, die uns wohl tut und uns nachdenklich stimmt, weil wir oft so nutzenbezogen und materialistisch eingestellt sind. Wir gehen aus uns heraus, setzen uns der Natur aus, verlassen uns selbst und lernen wieder, anderen zu vertrauen.

Das alles zusammen macht aber noch nicht das Pilgern aus, das fast zu einer Sucht werden kann. In uns brennt eine Sehnsucht, eine Sehnsucht nach dem ganz Anderen, das wir weder zu Hause finden, noch in uns selbst, eine Sehnsucht, die uns unruhig macht und immer wieder aufbrechen lässt. Der heilige Benedikt, der Mönchsvater des Abendlandes, bezeichnet den Mönch als einen, »der Gott sucht« – Mönche sind nie *fertig*. Selbst im Kloster, in der Gemeinschaft ihrer Brüder oder Schwestern, sind sie unterwegs, auf Pilgerschaft. »Wir sind nur Gast auf Erden und wandern ohne Ruh«, beginnt trefflich ein jüngeres Kirchenlied. Unser ganzes Leben ist ein Unterwegs-Sein.

Wer zum christlichen Glauben gefunden hat, wird Jesus kennen, der mit seinen Jüngern durch Israel gewandert und zu den Festtagen nach Jerusalem gepilgert ist. Er wird Jesus entdecken als den, der mit uns unterwegs ist, der uns rät, Ballast abzuwerfen, damit wir leichter gehen können, an dem wir erkennen, dass Leben auch das Leiden einschließt, das körperliche wie das seelische, das Leiden an unseren Schwächen und Sünden. Ein Christ lässt sich von ihm führen auf ein ewiges Ziel hin, die von ihm verheißene Freude und die Herrlichkeit. Das gibt Mut und Gelassenheit – und Freude, nicht erst im Jenseits. Wir treten aus uns selbst heraus und überlassen uns vertrauensvoll – *ihm*. Pilgern hier auf dieser Erde wird zu einem Symbol für unser ganzes Leben.

Solche und ähnliche Gedanken wird der Leser in diesem Buch finden. Ich wünsche allen viel Freude dabei, und vielleicht wird der eine oder andere dadurch angeregt, selbst auf Pilgerschaft zu gehen und seine eigenen Erfahrungen zu machen.

Dr. Notker Wolf, OSB,
Abate Primate,
Badia Primaziale S. Anselmo (Rom)

1 Pilgern – auf der Suche nach dem Mehr im Leben

Pilgern ist keine Erfindung der Neuzeit, auch wenn mancherorts durch prominente Persönlichkeiten wie Hape Kerkeling ein solcher Eindruck entstanden ist.

Pilgern – das heißt in der Regel, zu Fuß längere Zeit unterwegs zu sein – ist uralt, also auch keine Erfindung des Christentums.

Immer schon haben sich Menschen auf den Weg gemacht, um bestimmte Orte und Gegenden zu erreichen. Sie wollten aber mehr als nur ankommen.

Pilgern im klassischen Sinn ist religiös motiviert. Christliche Zielorte wie Jerusalem, Rom, Santiago de Compostela, Lourdes und andere waren wie ein Kompass, der pilgernden Menschen eine Orientierung gab – und gibt.

Ob es nun die Heimat Jesu ist, Gräber von Aposteln oder Orte von Marienerscheinungen: Menschen verbinden damit seit jeher ihr Leben, haben Anliegen, wollen danken, erhoffen sich Heilung für Leib und Seele, kommen stellvertretend für andere Menschen dorthin, suchen nach Halt, nach Trost und Kraft. Es sind Menschen, die mit Gott in Beziehung treten wollen und solche Orte als Kraftorte aufsuchen.

Für mich ist das Pilgern eine bewusste Zeit der Entschleunigung und Enthetzung sowie das Sammeln neuer Energie und Kraft für die kommende Zeit im Alltag.

Überrascht hat mich: Viele Menschen, denen ich in den vergangenen Jahren auf meinen Pilgerwanderungen begegnet bin, sowohl nach Santiago als auch auf dem Franziskusweg in Umbrien, waren keine klassischen Pilger. Religiöse Motive hatten die meisten nicht.

Ich nenne diese Menschen dennoch Pilger[1]. Ich glaube fest daran, dass Gott in das Herz der Menschen sieht und ihre Sehnsüchte nach Leben, nach Sinn, nach Glück, nach Liebe, nach Zukunft oder nach was auch immer sehr ernst nimmt. Und was dann auch immer auf dem Weg geschehen mag, welche Begegnungen möglich werden, welche Aufbrüche sich ereignen und zu welchen Erkenntnissen man kommt – das wird sich dann zeigen.

In vielen Begegnungen und Gesprächen habe ich eine große Offenheit für Religion festgestellt. Dabei ging es nicht nur um das Christentum, sondern vor allem um die Suche nach dem, was im Leben hält und trägt. Oft wurde diese Suche durch bittere Erfahrungen, durch Umbrüche und schicksalhafte Ereignisse im Leben ausgelöst.

Menschen auf der Suche. So möchte ich »pilgern« verstehen. Auf welchem Weg und in welcher Art es dann möglicherweise auch zu einer Gottesbegegnung kommt, das überlasse ich gerne und hoffnungsvoll dem Heiligen Geist. Denn bekanntlich »weht er ja, wo und wann er will« (nach Joh 3,8). Meine Erfahrungen bestärken mich zudem in der Überzeugung, dass »für Gott nichts unmöglich ist« (Lk 1,37).

1 Im Wesentlichen habe ich in der männlichen Form geschrieben, um mir die Aufgabe zu erleichtern. Selbstverständlich sind Sie als Frauen immer mit gemeint.

2 Eine Begegnung der besonderen Art

Ich sitze im Warteraum des römischen Flughafens Fiumicino und warte auf den Aufruf zum Abflug nach Köln. Da kommt ein älterer Mann mit seinem Handgepäck und setzt sich neben mich. Ich schaue ihn an und denke: Das kann doch nicht wahr sein. Ich schaue ihn noch einmal an und traue mich zu fragen: »Sind Sie vielleicht Notker Wolf[2]?«

Er fragt zurück: »Sie kennen mich?« »Ich habe fast alle Ihre Bücher gelesen«, antworte ich.

Um sicherzugehen, dass ich nicht träume, frage ich: »Darf ich Sie mal anfassen? Das glaubt mir kein Mensch, dass ich hier im Flughafen neben Notker Wolf gesessen habe.«

Ich fasse ihn am Arm. Da kommt ein junger Mann. Ich rufe ihm zu, indem ich ihm gleichzeitig meinen Fotoapparat hinhalte: »Kannst Du uns mal fotografieren?« Selfies sind nicht so mein Ding! Der junge Mann macht gleich mehrere Fotos. Danach unterhalte ich mich mit dem Abtprimas über seine Arbeit, über Papst Franziskus und anderes mehr, was in Rom so passiert. Neugierig, wie ich nun einmal bin, frage

2 Notker Wolf ist der Abtprimas aller Benediktiner, also »Chef« von 800 Frauen- und Männerklöstern in der Welt

ich den Abtprimas, wohin er jetzt unterwegs ist. Er fliege nach Hamburg, um am nächsten Tag einen Vortrag zu halten, so seine Antwort. »Sie werden aber nicht ahnen, vor welchen Menschen ich einen Vortrag halte«, setzt er hinzu. Und ich meine ein Schmunzeln wahrzunehmen, fast ein wenig spitzbübisch. Bevor ich es erraten kann, antwortet er selbst:

»Vor der Dachdeckerinnung.« Perplex frage ich: »Und worüber reden Sie da?« »Über ›burn in‹.«

»›Burn in‹?«, frage ich ungläubig. »›Burn in‹, das heißt doch ›brennen für ...‹, sage ich sinnierend. »Ja, es geht um ›brennen für‹, es geht um Leidenschaft.«

Gerne hätte ich mehr über den Vortrag erfahren. Leider kommt in diesem Augenblick der Aufruf zum Einsteigen ins Flugzeug. Ich verabschiede mich rasch von Notker Wolf. Er ruft mir noch hinterher: »Wenn Sie mal wieder nach Rom kommen, brauchen Sie kein Quartier zu suchen. Schreiben Sie mir. Dann kommen Sie zu uns!«

Ich weiß nicht mehr, ob ich mich bedankt habe; ich war noch ganz in Gedanken. Ich ahnte nicht, wie sehr mich diese Begegnung in den folgenden Wochen und Monaten beschäftigen sollte.

Du musst brennen für
Deinen Traum, dann
kannst Du ihn auch leben!

Taschenzettel

3 »Alles beginnt mit der Sehnsucht«

(Nelly Sachs)

Ich kann mich gut daran erinnern, dass mich vor allem meine Großmutter ›mit auf Wallfahrt schleppte‹; ob nach Kevelaer, nach Banneux oder Bornhofen. Ich fand das immer schön.

In bleibender Erinnerung ist für mich später auch die internationale Studentenwallfahrt nach Chartres geblieben.

Als junger Kaplan gehörte es zu meinen Aufgaben, die jährliche Fußwallfahrt nach Kevelaer zu begleiten.

In diese Zeit fällt auch meine erste Lourdes-Wallfahrt. Mein Hausarzt Wolfgang und seine Frau Lisa begleiteten damals alljährlich eine Flugwallfahrt des Deutschen Lourdes-Vereins in Köln und haben mich zur Teilnahme animiert. Inzwischen begleite ich seit mehr als 30 Jahren jedes Jahr eine Flugwallfahrt nach Lourdes.

Eine besondere Wallfahrt als Kaplan war die Pilgerwanderung mit Jugendlichen auf den Spuren des heiligen Franz von Assisi, und zwar durch das Rietital mit den eindrucksvollen Klöstern Greccio, Fonte Colombo, La Foresta und Poggio Bustone; unvergessen ist die Begegnung mit dem Lago di Piediluco und seinem legendären Pfarrer Don Mario. Der am See gelegene Ort Piediluco wurde für viele Jahre das Ziel von Messdienerfreizeiten. Stets besuchten wir dabei auch das Grab des heiligen Franziskus in Assisi.

Als ich dann Pfarrer von Kirdorf-Blerichen wurde, der einzigen Willibrord-Gemeinde im Erzbistum Köln, nahm ich Kontakt zu Pfarrer Theophil in Echternach auf. Daraus entwickelte sich sowohl die jährliche Wallfahrt zum Grab des heiligen Willibrord als auch die Teilnahme an der weltberühmten Springprozession in Echternach am Pfingstdienstag. Pfarrer Theophil kam jedes Jahr zum ›Gegenbesuch‹ anlässlich unserer Willibrordwoche. Bis heute bin ich diesem liebenswerten Seelsorger freundschaftlich verbunden.

In späteren Jahren waren mir weitere Wallfahrten nach Rom und Assisi sowie nach Israel möglich.

Vielleicht lag in diesem Wallfahren auch schon eine Sehnsucht nach dem Jakobsweg verborgen.

Diese Sehnsucht wurde ›befeuert‹ durch meinen Freund Willy, der schon mehrere Male auf dem Jakobsweg unterwegs war und leidenschaftlich von seinen Erfahrungen berichtete. Natürlich habe ich auch den Bestseller von Hape Kerkeling »Ich bin dann mal weg« mit großem Interesse gelesen.

Trotzdem, eine Antwort auf die Frage, was Sehnsucht eigentlich ist und wie ich meine Sehnsucht definieren könnte, habe ich bisher nicht. Vielleicht ist es eine Sehn-Sucht nach dem *MEHR* des Lebens.

Das Leben hat bislang schon einiges für mich bereitgehalten, von dem ich nichts ahnte. Ich bin gespannt, was mich noch erwartet. Gerne will ich meiner eigenen Sehnsucht nach dem Mehr des Lebens folgen.

4 Zeit zum Aufbruch – Zeit, sich auf Neues einzulassen

Nach dem Tod meiner Mutter gab es keinen Grund mehr, mich dem Drängen nach ›der neuen Wallfahrt‹ zu widersetzen. Die Sehnsucht nach dem *MEHR* des Lebens bekam für mich ein Gesicht und einen Namen: Der Jakobsweg.

Ich musste allerdings noch einen Parcours von Hindernissen überwinden.

Es gab äußere wie innere ›Einsprüche‹ gegen mein Vorhaben.

Äußere Einsprüche gegen eine anstrengende Pilger-Wanderung kamen von Spöttern, aber auch von besorgten und wohlmeinenden Menschen: »Du und wandern? Du bist doch eher ein Autowanderer. Zu Fuß weite Strecken zu gehen, das hältst Du doch gar nicht durch!«

Solche provozierenden oder auch gut gemeinten Ratschläge von außen haben mich eher angestachelt, es jetzt erst recht zu wagen.

Andererseits haben die Einsprüche in meinem Innern mich mehr beschäftigt, als mir lieb war: Machen meine Füße das Pilgern mit? Habe ich wirklich genügend Ausdauer? Was ist, wenn ich es nicht schaffe, ja sogar abbrechen muss? Was werden die anderen sagen?

Mich überkamen Zweifel und auch Ängste. Ich war hin und her gerissen auch im Hinblick auf die nicht ganz unwichtige Frage, allein oder gemeinsam mit anderen zu pilgern.

Um den meisten ›Einsprüchen‹ den Wind aus den Segeln zu nehmen, beschloss ich, mich mit mir vertrauten Menschen auf den Weg zu machen. Die Wahl fiel auf Kathrin, Ruzzy und Andreas, Mitarbeitende aus dem Pflegebereich des Krankenhauses, in dem ich als Seelsorger tätig bin. Die Entscheidung war vor allem eine Beruhigung. Und für uns alle war es ein *Projekt*, das wir – nun, da die Unternehmung hinter uns liegt – nicht mehr vergessen werden und für das wir alle dankbar sind.

Die Vorteile des gemeinsamen Gehens habe ich nicht nur in der medizinisch-pflegerischen Versorgung erfahren. Auch die gemeinsame Sprache, die selbstverständliche Kommunikation, Vereinbarungen und Absprachen, die Geborgenheit und Sicherheit der Gruppe, alles das war wertvoll.

Und was spricht für das *Allein-Pilgern*?

Du bist offener und aufmerksamer für alles. Du bleibst nicht in der Runde vertrauter Menschen. Du verlässt die vertraute Sicherheit und lässt Dich auf Abenteuer ein. Es wird mehr von Dir gefordert; es wird aber auch mehr ermöglicht.

Allein gehen, das heißt, Du allein bestimmst die Zeit, wann Du aufstehst und losgehst. Du allein bestimmst Dein Tagesziel, die Pausen unterwegs, Deine Gangart und vieles andere mehr. Dafür darfst Du das Ergebnis auch als Erfahrung Deiner persönlichen Freiheit genießen.

Allein-Gehen erfordert die Notwendigkeit und den Mut zur Kommunikation mit fremden Menschen. Mein Gott, ist das spannend. Spanisch sprechen kann ich gar nicht. Und die meisten Spanier sprechen wohl nur spanisch.

Ich versuche die Menschen meist auf Italienisch anzusprechen, danach auf Englisch, dann auf Deutsch, auch im ›kölschen‹ Dialekt – ich habe herausgefunden, dass Holländer und Luxemburger das mitunter ganz gut verstehen. Wenn alles nichts hilft, dann bleibt die Kommunikation mit Händen und Füßen. Meist aber ist es ein Gemisch aus allem. ›Herrlich doof‹ ist es, wenn ich einen Pilger auf Englisch anspreche, und der mir nach zwei Sätzen eröffnet: »Wir können gerne deutsch miteinander sprechen!« ›Heijeijei!‹

Ein besonderer Reiz, ja eine himmlische Gabe beim ›Alleingehen‹, ist die Wahrnehmung und das Erlebnis gespannter, aufmerksamer Sinne.

Bei meiner ersten Fußwallfahrt nach Kevelaer lernte ich als Kaplan von den Mitpilgernden ein tägliches Ritual. Das hatte mein damaliger ›Chef‹, Pfarrer Hubert, eingeführt. Die erste Stunde des Tages wird geschwiegen. Für viele Pilgernde war das die schönste Stunde des ganzen Tages. Schweigen und Stillsein ist nämlich die Zeit der Sinne. Es ist das Einfallstor des Heiligen Geistes.

Schweigen, um den Sinnen Raum zu geben, sich zu öffnen; schweigen, um den Sinnen die Zeit zu geben, ihr Können zu zeigen.

Mir geht das Herz auf, wenn ich in die Weite einer schönen Landschaft *sehe*.

Wie innerlich berührt bin ich, wenn ich dem Gesang der Vögel *zuhöre*, wenn ich die *Stille genieße* und die *Schritte meiner Füße wahrnehme*.

Die Erstlingserfahrung auf dem Jakobsweg von O Cebreiro nach Santiago de Compostela hat mir gezeigt, dass ich weite Wege gehen kann. Auch wenn ich dabei an meine körperlichen Grenzen stoße und das eine oder andere, kleinere oder größere körperliche ›Wehwehchen‹ spüre. Auch wenn ich die ›Aufs und Abs‹ hautnah erlebe, die wohl viele Pilgernde vereint, habe ich aber die selbst gesetzten Ziele erreicht. Mir kann das damit verbundene Gefühl von Glück und Dankbarkeit keiner mehr nehmen.

Die anfänglichen äußeren wie inneren ›Einsprüche‹ sind inzwischen wie Schnee von gestern. Sie haben ihren Einfluss, ja ihre Macht – unabhängig davon, wie groß sie waren – verloren. Mein Vertrauen zu mir selbst und vor allem zu Gott hat gesiegt. Und auf dieses Vertrauen setze ich auch für Künftiges.

Trau Dich ins Neuland, das
Leben will entdeckt werden.

Taschenzettel

5 Begegnungen unterwegs

Die Begegnung mit Abtprimas Notker Wolf in Rom war für mich kein Zufall. Vielmehr war sie ein Geschenk des Himmels. Und sie hat mir einmal mehr gezeigt, dass ich hier auf der Erde nicht einem anonymen Schicksal ausgeliefert bin, sondern dass alles im Leben einen Sinn hat, auch wenn ich ihn erst später verstehe.

Auch die Begegnungen, die ich auf dem Jakobsweg erfahren durfte, sollten so sein. Natürlich ist Begegnung nicht gleich Begegnung. Es gibt Begegnungen, die sind eher flüchtig und bleiben an der Oberfläche. Man unterhält sich über dieses und jenes, zu mehr als *Smalltalk* kommt es nicht.

In den Begegnungen auf dem Jakobsweg interessiert viele Pilgernde, wo die anderen herkommen und warum sie diesen Weg gehen.

Viele Pilgernde sind einfach neugierig. Und das ist auch gut so. Nicht, um der Sesamstraßen-Weisheit: »Wer nicht fragt, bleibt dumm« recht zu geben, sondern weil eine gesunde Neugier das Leben bereichert und voranbringt.

Auf dem Pilgerweg kommt es zu vielen Begegnungen und Gesprächen, die in die Tiefe gehen und oftmals sehr persönlich sind. Der Jakobsweg bedeutet für die meisten eine ganz konkrete Auseinandersetzung mit ihrem Leben.

Ich bin immer wieder Menschen begegnet, deren Leben in eine Krise geraten ist.

Da ist Jens, der nach einer Drogentherapie einen neuen Anfang sucht.

Da ist Susanne, deren Ehe gescheitert ist und die sich nun in einem ganz neuen Umfeld eine eigene Existenz aufbauen möchte.

Ich begegne Menschen wie Ansgar und Naomi, die nach Beendigung der Schulzeit und vor Beginn des Studiums bzw. einer Ausbildung ihre freie Zeit sinnvoll und auch abenteuerlustig verbringen wollen.

Ich treffe Menschen, die sich beruflich eine Auszeit nehmen, um den Jakobsweg zu gehen. Ihr Leben droht im täglichen Einerlei unterzugehen. Sie fragen sich, ob das nun alles gewesen sein soll in ihrem Leben.

Ich begegne Menschen, die durch die beruflichen wie familiären Anforderungen müde, kraftlos und ausgebrannt sind. Ihre Lebensfreude und Leidenschaft für das Leben ist ihnen abhandengekommen.

Ich begegne Menschen, sportlich ambitioniert, die auf dem Pilgerweg ihre Leistungsgrenzen ausloten wollen.

Ich begegne auch Menschen, die gar nicht so recht wissen, warum sie auf dem Jakobsweg sind. Sie möchten ihn einfach einmal gegangen sein.

Ich begegne Menschen, die der Institution Kirche eher kritisch bis ablehnend gegenüberstehen. Manche sind aus der Kirche ausgetreten. Sie bekennen sich dennoch als gläubig und suchen auf diesem Weg Sinn und Orientierung für ihr Leben.

Ich treffe auf Thomas, der – durch den frühen Tod seiner Mutter – mit Gott ›abgeschlossen‹ hat und dennoch sehr offen dafür ist, was der Jakobsweg bei ihm auslöst.

Ich treffe auf Menschen, die waren schon da und dort, in Taizé, in Assisi, bei Padre Pio in San Giovanni Rotondo; und jetzt ist eben der Jakobsweg dran.

Ich treffe Hanna und Judith, die auf einem Gatter sitzen und mich neugierig mustern.

Ich treffe Veronika und Rafael, die ihre Liebe füreinander entdeckt haben und jetzt ihren ersten gemeinsamen Urlaub auf dem Jakobsweg verbringen.

Ich treffe Menschen, die den Jakobsweg aus tief religiösen Motiven gehen.

Da ist Georg, der seinen Dank für eine überstandene Krankheit nach Santiago trägt.

Da ist Hanna, die um Klarheit bittet bei der Wahl des Freundes.

Da sind Stefania und Annalisa aus Italien, die mich animiert haben, italienisch zu lernen, und mir den Segen Gottes zusprachen. Das ist deshalb besonders bemerkenswert, weil Annalisa schon vor Jahren aus der Kirche ausgetreten ist.

Für mich ist der Jakobsweg, - oder wie man ihn auch und ein wenig andächtig nennt - der *Camino, »wie ein Weg in eine neue Welt.«*

In den allermeisten Begegnungen und Gesprächen geht es um den *Menschen*. Herkunft, Nationalität, Religion, Konfession, Lebensart – all dies hat, wenn überhaupt, eine nachrangige Bedeutung. Im Vordergrund steht immer der jeweilige Mensch in seiner eigenen, einmaligen Würde. Immer geht es um den Menschen, so wie er ist.

Vielleicht verstärkt diese Erfahrung den Drang in mir, immer wieder auf dem *Camino* zu gehen.

6 Der Camino – eine andere Welt

Auf dem *Camino* zählt der Mensch – und nur der Mensch.

Hier treffen und begegnen sich Menschen, die über alle Unterschiede und Verschiedenheiten hinaus vor allem eines miteinander verbindet: die gegenseitige Wertschätzung und der Respekt voreinander, egal von welchen Motiven man sich auch sonst noch leiten lässt.

Aus etlichen Begegnungen auf dem *Camino* sind feste Kontakte, ja sogar Freundschaften entstanden, die auch zu Hause weitergepflegt werden.

Ich glaube, wenn *das Projekt einer anderen Welt* einen einmal gepackt hat, dann *brennt man*, dann ist man vom *»burn in«* angesteckt, dann haben Leidenschaft und Lebensfreude einen festen Platz im Leben. Und dann sieht man vieles im Leben anders. Vieles relativiert sich.

Die Begegnungen auf dem *Camino* können verändern, können einen Perspektivwechsel auslösen, können dem Leben einen neuen Schub geben. Ich kenne inzwischen etliche Menschen, die der *Camino* nachhaltig verändert hat.

Manch einer wird sagen, solche Begegnungen und Erfahrungen sind doch nichts Besonderes. Ich widerspreche! Sie sind etwas Besonderes.

Ich arbeite als Seelsorger in einem Krankenhaus. Dort kennen sich eigentlich die Mitarbeiter. Und doch ist es für sie im Alltag nicht selbstverständlich, sich ganz einfach einen Gruß oder ein aufmunterndes Wort zuzurufen. Das ist keine

Mentalitätsfrage, sondern hat viel damit zu tun, wie intensiv Menschen mit sich und ihren Aufgaben beschäftigt sind. Es bedarf schon einer bewussten Hinwendung zum Mitmenschen, die nicht immer leicht fällt.

Auf dem *Camino* begegne ich in der Regel fremden Menschen, die mir fröhlich »Buen Camino!« (= Guten Weg!) zurufen. Diese Zuwendung ist unterwegs üblich, ja selbstverständlich!

Als der neugewählte Papst Franziskus auf die Loggia des Petersdoms trat, begrüßte er die Menschen auf dem Petersplatz und an den Fernseh-Bildschirmen mit ›Buona sera‹ (= Guten Abend!). Das war eigentlich total normal und natürlich. Es wurde jedoch als sensationell empfunden.

Auf dem *Camino* ist man anderen Menschen verbunden. Man wird gefragt, wie es einem geht. Man legt eine Hand auf die Schulter des anderen und wünscht weiterhin einen guten Weg.

Die Pilger setzen sich in einem Café oder Bistro wie selbstverständlich zueinander, reden miteinander, teilen ihr Wasser und ihr Essen, sie haben Anteil an den kleineren wie größeren Wehwehchen der anderen, sie sorgen und kümmern sich. Einfach so! Wie auf einem Weg hin zu einer anderen, neuen Welt.

Da reicht es, wenn jemand sich mit seiner Gitarre auf den Marktplatz setzt und zu spielen und zu singen beginnt. Es dauert nicht lange, da zieht es andere Menschen dorthin. Wieder andere haben sich eine Flasche Rotwein und ein Baguette gekauft und gesellen sich dazu. Die Runde wird größer und größer. Man ist zusammen, man freut sich, man singt und strahlt, teilt Brot und Wein miteinander.

Der singende Gitarrist reißt die Leute mit, es beginnt ein Wunschkonzert und aus dem Tun eines Einzelnen wird das Fest einer immer größer werdenden Gemeinschaft. Einheimische gehen lächelnd vorbei oder treten neugierig hinzu. Kaum jemand kann sich diesem bunten Treiben entziehen. Jemand beginnt mit einer Polonaise. Sie erstreckt sich schließlich über den ganzen Marktplatz.

Ein Fest aus dem Nichts. Später denke ich an das Lied »Einer hat uns angesteckt«. Es war der singende Gitarrist. Oder war es der Heilige Geist in ihm, der »weht und wirkt, wo und wann er will?« (Joh 3,8)

Bis es jedoch dazu kommt und etwas daraus werden kann, braucht es Zeit und Geduld, aber auch den Mut zu spontanen Entscheidungen.
In der ersten Stunde am Tag ist stets Schweigen angesagt.
Ich nutze diese Stunde gerne zu Übungen meiner Sinne.
Mal ist das Sehen dran, mal das Hören, mal das Riechen. So bin ich mit mir selbst unterwegs und erkunde die Schöpfung und das, was sie mir am frühen Morgen anbietet.

Einmal höre ich Schritte hinter mir. Eine junge Frau gesellt sich zu mir. Manon, sie lebt in Paris, ihre Eltern leben in der Nähe von Lourdes. Wir unterhalten uns so gut es geht in Englisch. Ich strenge mich an und Manon ist sehr verständig und geduldig mit mir.

Während ich nach Worten der Verständigung suche, hat sie einen strammen Schritt drauf.

Ich kann nur schwer mithalten. Deshalb schlage ich ihr nach einiger Zeit vor, sie möge in ihrem Tempo gehen und ich dem meinen. So machen wir es und verabreden uns für das nächste Bistro. Tatsächlich, dort erwartet sie mich. Ich bestelle, wie stets auf dem *Camino*, einen doppelten Espresso und zwei kleine Wasser ›mit Gas‹, also mit Kohlensäure. Wir setzen unsere Unterhaltung fort. Manon arbeitet bei einer weltweiten Menschenrechtsorganisation. Der *Camino* war immer schon ihr Traum und nun hat sie sich die Zeit genommen, diesen Traum zu verwirklichen. Das imponiert mir. Wieder ein Mensch, der nicht nur das Leben träumt, sondern seinen Traum lebt. ›Tun‹, ›einfach tun!‹

Nach dieser erquickenden Pause trennen sich unsere Wege wieder. Jeder Pilger muss ›seinen‹ Schritt finden, seinen eigenen Rhythmus.

Am Nachmittag treffen wir uns wieder. Sie fragt mich, wie weit ich heute noch gehen wolle. Ich nenne Ziel und Ort. Wir gehen gemeinsam weiter, wir reden, wir schweigen. Nach einiger Zeit fragt sie erneut, wie weit ich denn heute gehe. Ich wiederhole meine Antwort und denke mir nichts dabei, dass sie ein zweites Mal gefragt hat. Wir gehen weiter. Als sie mich nach einer gewissen Zeit zum dritten Mal fragt, wie weit ich heute gehe, werde ich stutzig. Habe ich mich nicht klar genug ausgedrückt? Oder gibt es einen anderen Grund für die Fragerei? Ich bleibe stehen und schaue sie streng an: »Willst Du was von mir?« Sie grinst ein wenig und antwortet nicht. »Oder möchtest Du, dass ich bis zu Deinem Tagesziel mitgehe?« Sie grinst wieder und sagt: »Ja, bitte!« Ich bin irritiert.

Mein Routenbuch sagt mir, dass es bis zu Manons Tagesziel noch weitere fünf Kilometer sind. Schweigend gehen wir weiter. Ich bin hin und her gerissen. Eigentlich wollte ich heute nicht so weit gehen. Ich wollte meinen Füßen mal eine längere Pause gönnen.

Ich folge meinem Bauchgefühl und gehe weiter mit. Manon sagt nichts. Ihrem Gesicht sehe ich an, was sie gerade fühlt. Die nächsten Kilometer tun mir nicht gut. Meine Füße schmerzen. Schließlich kommen wir in ein kleines Dorf und steuern, wie sich später herausstellt, auf die einzige Herberge zu. Manon redet mit dem Herbergsvater. Dann gehen wir in den einzigen Schlafraum mit 16 Betten. Einige Plätze sind noch frei. Ich suche mir ein Bett aus und setze mich auf die Bettkante. Meine Gedanken gehen ziemlich in eine Richtung. Warum bin ich eigentlich mitgegangen? Was soll ich hier? Ich hatte mir übrigens fest vorgenommen, mir jeden Tag ein eigenes Zimmer mit einem guten Bett und einer Dusche zu gönnen. Soviel Luxus sollte schon sein.

Während ich so vor mich hin sinniere und voller Schrecken das Schnarchen eines Pilgers höre, geht die Tür des Schlafraumes auf und vier Pilger treten ein. Manon erkennt sie gleich und ruft ihnen außer ›Hallo‹ auf mich zeigend zu: »Das ist Michael aus Deutschland.« Und nun geht's los »Hallo, ich bin Olly.« »Und ich bin Cheyenne«. »Ich bin Thomas.« »Und ich bin Katharina.«

Meine Laune schlägt nun in Begeisterung um.

Nachdem sich die ›Neuen‹ jeweils einen Schlafplatz gesucht haben, verständigen sie sich auf eine Zeit, um dann gemeinsam in die gegenüberliegende Herbergskneipe zu gehen. Ich liege inzwischen auf meinem Bett und stelle fest, dass ich ja auf so eine Schlafstatt gar nicht eingerichtet bin. Ich habe keinen Schlafsack mit. Aber ich denke mir, es gibt Situationen, da spielen solche Äußerlichkeiten gar keine Rolle. Ich werde wohl nicht erfrieren. Es dauert nicht lange, da haben sich ›die Deutschen‹ aufgemacht zum Kneipenbesuch. Ich folge mit etwas Abstand. Und auch Manon kommt hinterher.

Es gibt einen Tisch auf der Terrasse, an dem wir alle Platz finden. Jeder bestellt sich etwas. Und nun beginnt ein Abend, der nicht nur länger dauert und auch meinen normalen Schlafrhythmus mächtig durcheinander bringt; es beginnt zugleich ein Abend, der mir noch am nächsten Morgen körperlich zu schaffen machen wird, nicht nur wegen der Bekanntschaft mit Bettläusen. Vor allem aber beginnt ein Abend, der für mich zu einem nachhaltigen Erlebnis in *der anderen neuen Welt* wird.

Einer nach dem anderen erzählt, wo er herkommt, was er macht und warum er auf dem Jakobsweg ist. Ich halte mich ›vornehm‹ zurück. Ich will mich nicht vorschnell ›outen‹.

Dann aber ist es soweit. »Woher kommst Du?« »Bist Du zum ersten Mal auf dem *Camino*?« »Warum gehst Du diesen Weg«? Und dann die Frage: »Was machst Du von Beruf?« Ich beginne zaghaft: »Ich habe einen sozialen Beruf.« Dann die Frage: »Arbeitest Du in einem Krankenhaus?« »Ja.« »Bist Du Arzt?« »Nein.« »Bist Du Krankenpfleger?« »Nein.« Kurze Pause. Und dann kommt die Frage »Arbeitest Du bei der Kirche?« »Ja.« »Bist Du etwa Pfarrer?« »Ja.« »Aber sicher evangelisch.« »Nein.« »Was, katholisch?« »Ja.« Und dann stöhnt einer: »Oh Gott!« Und ich, wie einstudiert: »Genau!« In die Schrecksekunde, die gefühlt länger andauert, rufe ich nach dem Wirt und bitte ihn, uns am Tisch eine Runde zu bringen.

Nach meinem beruflichen *Outing* muss sich wohl jeder zuerst einmal sortieren. Einen leibhaftigen katholischen Pfarrer ganz nahe bei sich zu haben, ist für den einen oder anderen Menschen doch etwas gewöhnungsbedürftig.

Der weitere Verlauf des Abends bis weit nach Mitternacht wird zu einem intensiven Austausch zwischen Menschen, die sich ganz viel zu sagen haben und dabei auch an das ›Eingemachte‹ ihres Lebens gehen.

Mitunter fließen Tränen der Rührung, dann wird es wieder laut und es wird herzhaft gelacht. Essen und Trinken bilden den Rahmen für eine Begegnung, von der jeder in den nächsten Tagen sagen wird, es war ein wundervoller und die Herzen berührender Abend, auch wenn am nächsten Morgen die körperlichen Folgen, besonders im Kopfbereich, für manche beim Gehen hinderlich sind. Die frische Luft und viel Sprudelwasser bringen im Laufe des Tages den Körper wieder in die Balance, für mich auf jeden Fall.

Ich möchte diesen Abend auf keinen Fall missen. Die Art, wie Menschen miteinander umgehen, die Offenheit und der Respekt voreinander, die Anteilnahme an schicksalhaften Situationen und Erfahrungen Einzelner, der Mut zu ganz persönlichen Worten und Gedanken, auch die Bereitschaft, nach Gott zu fragen, Ängste und Zweifel zu bekennen, aber auch Sehnsüchte, das hat mich nicht nur berührt und tief beeindruckt. Ich empfand eine tiefe Dankbarkeit dafür, diesen Menschen begegnet zu sein und an ihrem Leben Anteil haben zu dürfen. Und ich spürte, dass Gott mich zu Begegnungen ruft und führt, die meiner Sehnsucht nach dem MEHR des Lebens eine klare Richtung geben.

Als ich mich am nächsten Morgen auf den Weg mache, sind alle anderen schon fort. Im nächsten Bistro treffe ich einige wieder. Unterwegs beschäftigt mich immer wieder die dreimalige Frage von Manon, wie weit ich gehen wolle. Es war offensichtlich kein Zufall, dass ich entgegen meiner Sorgen um meine Füße und meiner eigenen Pläne mit ihr weiter mitgegangen bin. Es sollte so sein. Und ich nahm mir vor: Bleib offen für die Zeichen *der neuen, anderen Welt.*

Zu diesen Zeichen *einer neuen Welt* gehört auch das einmalige Erlebnis des Sonnenuntergangs am Kap Finisterre, »dem Ende der Erde«, wie man das Kap an der Westküste Galiciens auch nennt. Pilger und Touristen treffen sich gegen Abend und bestaunen das Schauspiel des Sonnenuntergangs, das etwa zwanzig Minuten dauert. Viele Pilger haben Brot, Wurst, Käse und Wein mitgebracht. Mit Susanne – auch sie hatte ich unterwegs kennengelernt – komme ich am Kap an und treffe weitere Pilger aus Deutschland, wie Ursula, Marlies und Karl. Es dauert nicht lange und wir sind zehn bis zwölf Personen. Es liegt eine besondere Spannung über uns, denn für alle ist es das erste Mal, dass wir diesen besonderen Sonnenuntergang miterleben. Wir teilen Brot, Käse und Wein miteinander, wir schauen uns an, wir prosten uns zu. Dann wird es still. Jeder schaut in die Ferne des Horizonts und bestaunt fast ehrfürchtig dieses Geschehen am Himmel.

Ich spüre, wie mich meine Emotionen überkommen. Ich weine. Ich lasse es zu. Und ich bemerke, dass es anderen auch so geht. Es sind Augenblicke und Momente, in denen sich Himmel und Erde berühren. Es sind heilige Sekunden und Minuten, die man niemals mehr vergessen wird. Und selbst die allerbesten Bilder und Fotos können nicht wiedergeben, welche Harmonie hier zwischen einzelnen Menschen und zwischen Menschen und der Schöpfung möglich ist.

In diese heilige Stille sagt Ursula: »Michael, kannst Du uns bitte segnen?« Diese Bitte trifft mich unverhofft. Ich bin für einen Augenblick sprachlos. Dann sage ich:

»Es ist mir eine Ehre.« Von Ursula weiß ich übrigens, dass sie katholisch ist.

Als ich aufstehe, stehen alle auf und dies ist für mich das Zeichen, dass alle gesegnet werden wollen. Ich lasse mir Zeit für jeden Einzelnen, schaue ihn oder sie an, lege meine Hände auf ihre Köpfe, neige mich etwas zu ihnen hin, schweige und sage ein persönliches Wort, das Gott mir gerade eingibt, und umarme sie dann. Immer ende ich mit der persönlichen Anrede und dem Wunsch »Gott segne Dich und behüte Dich auf all Deinen Wegen.«

Selten ist mir die Würde meiner priesterlichen Berufung so bewusst geworden wie an diesem Abend.

> *Menschen – begegne ihnen auf Augenhöhe. Dann können sie Dir ins Gesicht schauen.*
>
> *Taschenzettel*

7 *Der Rucksack* – *mein* anhänglicher *Weggefährte*

Schwere Zeiten – im wahrsten Sinne des Wortes – hatte ich mit meinem Rucksack. Wir haben unsere für mich nicht immer *leichte* Geschichte.

Vor der ersten Pilgerwanderung ging ich in ein Kölner Spezialgeschäft. In der Abteilung für Rucksäcke angekommen, schaute mich ein Verkäufer an und begrüßte mich mit der Frage: »Gehen Sie auf den Jakobsweg? « »Sehe ich so aus?«, fragte ich zunächst ausweichend. »Ja, ich hab's vor.« »Wie viele Tage gehen Sie denn?«, fragte er weiter. Meine Antwort: »Zehn«.

»Dann nehmen wir achtunddreißig Liter«, sprach's, nahm einen Rucksack vom Regal und reichte ihn mir herüber.

Ich nahm ihn auf meine Schultern und dachte: »Upps, der ist ja schon gepackt!« Der Verkäufer meinte, ich solle ruhig ein paar Minuten mit dem Rucksack kreuz und quer durch das Geschäft gehen und testen, ob er auch »passt«. Erst später ist mir aufgegangen, dass diese Frage durchaus doppeldeutig zu verstehen ist. Also ja: er passte. Zudem bin ich kein Freund von ausgedehnten ›Anprobierorgien‹. Bei mir muss das zügig gehen, so nach dem Motto: »Passt, fertig, zahlen!«

Ich freute mich irgendwie über meinen neuen ›Weggefährten‹, andererseits musste ich den *Kameraden* ja zwangsläufig mitnehmen. Anfangs war er mir lästig. Aber ohne ihn, das war mir klar, würde es auch nicht gehen. Was war das eine Prozedur, als ich ihn zum ersten Mal gepackt habe. Die Tipps von Jakobspilgern aus einschlägiger Literatur waren sicher sinnvoll.

Aber jeder muss für sich entscheiden, was er mitnehmen will. Der Rucksack hat viel Platz, mehr als es scheint. Aber alles will getragen werden. Ich habe schnell dazugelernt. Amüsiert denke ich an den Film »Pilgern auf Französisch« und die köstlichen Szenen, wie Pilger sich unterwegs wieder so mancher Dinge ihres aufwändig gepackten Rucksacks entledigen. Bei mir waren es weniger die Kosmetika – aber das ein oder andere Kleidungsstück hätte ich definitiv zu Hause lassen können.

Eines Tages hörte ich auf einem meiner Wege eine innere Stimme, die zu mir sagte: »Dein Rucksack ist nicht Dein Feind. Mach ihn zu Deinem Freund! Er mag ja manchmal ganz beschwerlich sein, aber ohne ihn wirst Du Deine Pilgerziele nicht erreichen.«

So haben wir uns aneinander gewöhnt und er ist mir zu einem hilfreichen und verlässlichen Weggefährten geworden.

Übrigens erkenne ich in einem tieferen Sinn im Rucksack so manchen Weggefährten, Freundin und Freund, denen ich meine Lebens-Lasten anvertraue. Sie tragen sie geduldig mit. Treu und zuverlässig.

Dieser Gedanke hilf mir, meine Last zu tragen und ich habe keinen Grund, zu jammern.

8 *Blitzlichter des Himmels*

Veronika und Rafael, zwei Menschen, die sich noch gar nicht lange kannten, überholten mich eines Morgens mit einem fröhlichen ›Buen Camino‹.

Etwa zwanzig Schritte vor mir nahmen sie sich an die Hand und gingen schweigend weiter.

Mich hat das berührt. Ich fand das einfach schön. Ich nahm meinen Fotoapparat und habe die Szene festgehalten als ein weiteres Symbol *meiner neuen Welt.*

Nichts Großes und dennoch bedeutsam.

Ähnlich war ein Erlebnis, das mich mit Kathrin, Ruzzy und Andreas verbindet. An einem wunderschönen Sonntagnachmittag gehen wir durch einen Eukalyptuswald. Herrlich, wie das riecht! Ich könnte in einen Baum beißen, denke ich. So fröhlich dahin sinnierend höre ich die Stimme von Andreas, der einige Schritte voraus ist: »Nun schaut Euch mal das an!« Was sehe ich? Da steht mitten im Wald zwischen zwei Bäumen ein überdachtes Regal. Und dieses Regal ist gefüllt mit frischem Obst, mit Milch und Wasser.

Dabei steht ein kleines Spendenkörbchen. Am Regal klebt ein Zettel, auf dem etwas in Spanisch geschrieben steht. Und eine Telefonnummer steht da.

Wir alle sind baff. »Das gibt's doch nicht«, stelle ich fest und beginne zu singen »Da berühren sich Himmel und Erde.« Unglaublich, aber wahr. Wir nehmen uns etwas von diesen Köstlichkeiten und genießen sie. Und wir sind von Herzen dankbar. Wir kennen die Menschen nicht, die uns diese Gaben hier anbieten. Wir lernen sie auch nicht kennen, wahrscheinlich niemals. Doch was sie uns und anderen Gutes tun, das bleibt unvergessen.

Unüberhörbar war für mich die leise Stimme Gottes auch an diesem Ort.

9 Begegnungen mit mir selbst

In den letzten Jahren habe ich lernen müssen, mehr auf mich selbst zu achten und die Signale des Körpers und der Seele besser wahrzunehmen. Ausgelöst wurde diese neue Wachsamkeit durch eine ›zufällig‹ entdeckte und ›Gott sei Dank‹ überstandene Krebserkrankung. Wenn auch die Zeit zwischen den verschiedenen Untersuchungen bis hin zum endgültigen ›Bescheid‹ der Ergebnisse sehr an meinen Nerven genagt und mir etliche schlaflose Nächte beschert hatte, so trieb mich weniger die Frage nach dem Sinn und dem ›Warum‹, sondern vielmehr die Frage nach dem ›Wozu ist das gut?‹ um. Im Zwiegespräch mit Gott habe ich ihm einen Handel vorgeschlagen: »Entweder Du sagst ›Es reicht jetzt für dich hier auf Erden‹, dann muss ich das ja wohl akzeptieren, auch wenn es mir nicht passt.

Oder Du sagst ›Du kannst noch etwas bleiben‹, dann will ich dankbar und freudig von Dir erzählen und mich noch stärker in Deinen Dienst stellen.«

Auch wenn es nicht jedermanns Sache ist, so mit Gott zu reden, etliche werden dies möglicherweise sogar für fragwürdig halten: Es ist oft meine Art, so mit Gott zu sprechen und ich glaube, er kann damit gut umgehen.

Nicht ganz ›zufällig‹ gehören zu meinen Lieblingsfilmen die Geschichten von ›Don Camillo und Peppone‹. Die so eigenwillige und direkte Beziehung zwischen Don Camillo und Jesus faszinierte mich immer schon.

Meine Krankheit hat mir einmal mehr deutlich gemacht: Es braucht eine innere Wachsamkeit und Achtsamkeit für das, was Gott mir sagen will.

Auf den verschiedenen Jakobswegen und auch auf einem Franziskusweg mit meinen Freunden Georg, Jörg und Henry bin ich inzwischen mir selbst bewusst begegnet. Das ist ja für Menschen in einem sozialen Beruf nicht so einfach, weil wir das ja nicht gelernt haben, weder im Studium noch in der pastoralen Ausbildung. Überall dort, wo Menschen sich leidenschaftlich für andere einsetzen, kommt die »Selbstsorge« viel zu kurz.

Auf den verschiedenen Pilgerwegen gab und gibt es viel Zeit, um mir selbst gegenüber Rechenschaft abzulegen über die Befindlichkeit von Leib und Seele, aber auch über die Frage nach der Wahrheit meines Lebens: Wie geht es mir? Wie steht es um mich? Passt mein Leben grundsätzlich und derzeit zu mir? Bin ich in Harmonie mit mir selbst? Kann ich mich so, wie ich bin, leiden und annehmen? Bin ich versöhnt mit mir und dem, was hinter mir liegt?

Solche und andere Fragen haben mich immer wieder beschäftigt. Ich habe mir nicht nur erlaubt, solchen Fragen Raum und Zeit zu geben; ich weiß inzwischen, dass ich mich solchen Fragen immer wieder stellen muss, weil ich ihnen nicht ausweichen kann.

Allerdings muss ich zugeben, dass ich noch ein weiteres ›Warnsignal des lieben Gottes gebraucht habe‹, um endgültig die Selbstsorge als wichtig für mein Leben anzunehmen.

Heute bin ich Gott und mir nahe stehenden Menschen von Herzen dankbar, dass sie ›die Begegnung mit mir selbst‹ immer wieder thematisieren, ja sogar einfordern. Sie wissen, dass ich mich gerne »davonmache«.

Der *Camino*, auf welchen Streckenabschnitten auch immer, ist für mich inzwischen eine bewusste Auszeit vom Alltag. Die vielfältigen Anforderungen im Krankenhaus, die vielen Anfragen für Gottesdienste, Festpredigten, Vorträge und Besinnungstage erfordern einen gut durchdachten Terminplaner. Ich bin nur dann in der Lage, die vielen Wünsche zu erfüllen, wenn ich mir auch selbst gut bin und mir Zeiten für die Selbstsorge nehme. Der *Camino* ist eine Kraftquelle für mich, ein Ort des

Aus- und Einatmens. Solange meine Füße mitmachen, werde ich die ›heiligen Wege und Orte‹ immer wieder aufsuchen. Dabei nehme ich inzwischen das Wort Jesu ernster als früher: »Du sollst den Nächsten lieben wie Dich selbst!« (Lk 10,27)

> Lerne Deine Grenzen kennen
> und sie annehmen.
> Lebe mit ihnen, Dein Leben
> wird es Dir danken.
>
> *Taschenzettel*

10 Wer pilgert, sucht

Vor meinem ersten *Camino* war ich davon ausgegangen, dass fast alle Jakobspilger aus religiösen Gründen unterwegs sind. Die Realität sieht anders aus. Wie bereits festgestellt, sind Jakobspilger im klassisch religiösen Sinne deutlich in der Minderheit. Andererseits gibt es für das Wandern auf dem *Camino* so viele verschiedene Motivationen wie es Lebenssituationen gibt (s. auch Kap. 6).

Was jedoch Jakobspilger bewegt, sich mitunter wochenlangen Strapazen auszusetzen, einen ganzen Jahresurlaub zu investieren oder unbezahlten Urlaub zu nehmen, ist stets eine Form der Suche.

Es ist die Suche nach Sinn, nach Orientierung, nach Klarheit, nach Perspektive, nach Lösung, nach Antwort.

Es ist die Suche nach Glück, nach Gelingen, nach Zukunft.

Für Papst Franziskus ist das gesamte Leben eine Suche. Er sagt: »*Unser Leben ist Gehen, Wandern, Tun, Suchen, Schauen … Man muss in das Abenteuer der Suche nach Begegnung eintreten und in das Sich-suchen-lassen von Gott, das Sich-begegnen-lassen mit Gott.*«[3]

Für die meisten Jakobspilger ist der *Camino* tatsächlich kein explizit religiöses Unternehmen. Doch die meisten Pilger, denen ich bisher begegnet bin, sind offen für Erlebnisse und Erfahrungen, die über eine rationale Erklärbarkeit hinausgehen.

3 Quelle: Antonio Spadoro SJ, Das Interview mit Papst Franziskus, Herder Verlag, Freiburg 2013, hier S. 61

Solche Menschen geben Gott die Chance, ihnen in Ereignissen und Geschehnissen zu begegnen. Solche Menschen bezeichnen so manches Ereignis in ihrem Leben als »Zufall« oder als »Schicksal«. Andere reden von »Fügung«.

Für mich als Christ sind diese Worte Chiffren für Gott, der uns auf seine Weise und in seiner Schöpfung ständig begegnet. In jedem Menschen, in jedem Jakobspilger begegnet uns Gott, denn jeder Mensch ist ein Ebenbild Gottes.

Suchende Menschen lassen es zu, dass sich das Leben so ereignet, wie es sich ereignet, und dass alles seinen Sinn hat, auch wenn sie den Sinn längst nicht immer verstehen.

Suchende, neugierige Menschen bleiben den Geheimnissen und Rätseln des Lebens auf der Spur, ohne jedoch endgültige Wahrheiten erzwingen zu müssen.

Für mich ist es immer wieder überraschend und total spannend, wie Menschen Erlebnisse und Ereignisse in ihrem Leben deuten.

Auch für mein Christsein ist es wesentlich und entscheidend, Auskunft zu geben über den tragenden Grund meines Lebens, über die Quelle meiner Lebensfreude, über die Lust und Leidenschaft, anderen Menschen zu begegnen.

Für mich ist der *Camino* also eine ›geistliche Übung‹. Es ist Zeit *für* Gott und Zeit *mit* Gott, und das mitten im Leben. Ich fühle mich in meinem Unterwegssein oft wie einer der Emmaus-Jünger (vgl. Lk 24,13ff.), auf deren Weg sich jemand dazugesellt, – leiblich oder sinnlich – und mir die Augen öffnet für die Wunder des Lebens und der Schöpfung Gottes,

- der mir die Dinge des Lebens erhellt und erklärt,
- der mir den Sinn des Geschehenen zu verstehen gibt,
- der mich neugierig und aufmerksam sein lässt

für das, was das Leben alles bereithält, ohne im Stande zu sein, alles zu erklären, was ich als Wirklichkeit wahrnehme.

Pilger auf dem *Camino* lassen gerne andere Menschen an ihrem Lebensweg teilhaben.

Gleichzeitig sind sie neugierig, das Leben anderer Menschen kennen zu lernen und daran mit den eigenen Lebenserfahrungen Maß zu nehmen. Daraus resultiert bei vielen am Ende dann doch die Gottesfrage, auf die jeder seine eigene individuelle Antwort finden muss.

11 Der Umgang mit Grenzen

Oh ja, Grenzen und Grenzerfahrungen gehören auch zum *Camino*. Davon kann ich ein Lied singen. Das beginnt schon mit der Einsicht in die Notwendigkeit einer gezielten Vorbereitung zuhause.

Es macht Sinn, unter Pilgerbedingungen zu trainieren und etliche Kilometer mit gepacktem Rucksack zu gehen. So kann man sich einiges an Grenzerfahrungen ersparen. Manche gehören jedoch zum *Camino* dazu wie das wechselnde Wetter.

Es gibt Tage, an denen ich im strömenden Regen unterwegs bin. An anderen Tagen kann ich der Hitze mit 35 Grad nicht ausweichen. Ich muss sie ertragen. Und wenn ich das Eincremen mit Sonnenschutz unterlasse, weil es mir am Morgen zu lästig war, so bin ich an einer weiteren Grenzerfahrung nicht schuldlos.

Der Körperpflege muss jeder Pilger höchste Priorität beimessen. Körpersignale dürfen weder überhört noch verharmlost werden. Aus einer kleinen Blase kann ein größeres, schmerzendes Handicap werden.

Auf Grund einer Polyneuropathie hatte ich auf einmal einen diabetischen Fuß, zunächst links und dann rechts.

Solche bitteren Erfahrungen haben mitunter ihre Ursachen in eigensinnigem Verhalten und falschem Ehrgeiz. Wenn ich mich vom schnellen Schritt anderer Pilger mitreißen lasse, dann gebe ich meinen eigenen Rhythmus auf, überschätze mich und vor allem die Möglichkeiten meiner Füße.

Ändere ich mein festgesetztes Tagesziel, weil ich dem Wunsch anderer folge, noch ein Stück weiter zu gehen, dann zahle ich eventuell einen hohen Preis.

So hatte ich ein höchst interessantes Gespräch mit der italienischen Pilgerin Serena gleichzeitig als Italienisch-Lektion genutzt. Die Folge war, dass ich vor lauter Begeisterung an meinem Tagesziel vorbeigelaufen bin. Was tun? Allein zurücklaufen? Die Diskussion mitten im Wald mit Serena und ihrer Mitpilgerin Ilja endete mit der Entscheidung, noch weitere sieben Kilometer zu gehen. Die Strafe folgte auf dem Fuß: Es setzte Dauerregen ein, die »Socken qualmten«. Meine Füße drohten, ihren Dienst einzustellen.

Ich muss lernen, meine Grenzen zu akzeptieren. Ich weiß, dass ich das leichter sage, als es dann auch zu tun. Ich denke an meinen Vater, der ›Grenzgänge‹ ebenfalls gerne ignoriert hat, vor allem vor anderen. Er wollte sie nicht wahrhaben. Das passte nicht in sein Selbstbild. Deshalb konnte er auch seine todbringende Krankheit letztlich nicht akzeptieren.

Mit Grenzen umgehen lernen, ist ein wichtiger und notwendiger Prozess. Es kann dauern, bis man sich bewusst wird, dass das Akzeptieren der eigenen Grenzen keine Schwäche, sondern ein Reifeprozess ist. Zu meinen Grenzen zu stehen, ja, mir auch Grenzen zu setzen, das war eine Leistung, auf die ich inzwischen sogar ein bisschen stolz bin.

In diesem Reifeprozess bin ich auf dem *Camino* eines Tages ›ausgebrochen‹. Ich habe gespürt, dass ich irgendwie ›die Faxen so dicke‹ hatte, dass ich eine Auszeit ›angemeldet‹ habe. Bei einer Rast in einem Bistro habe ich Manon, Katharina, Cheyenne, Olly und Thomas, mit denen ich hin und wieder gemeinsam ein Stück des Weges gegangen bin, kurzerhand erklärt, dass ich den Rest der Tagesetappe mit dem Bus zurücklege. Als sie sich dann auf den weiteren Weg gemacht hatten und ich meinen Bus-Trip organisieren wollte, bedeutete mir die Bistrobesitzerin, dass an diesem Tag gar kein Bus mehr fahren würde. Ich hatte vergessen, dass Mariä Himmelfahrt war, und das ist in Spanien ein hoher Feiertag. Freundlich, wie nun diese Frau war, wies sie mich mit Händen und Füßen darauf hin, dass zwei Kilometer entfernt ein Taxistand sei. Mit dem Taxi zu fahren, das war allerdings noch ein Grad mehr der Erniedrigung.

Meine Stimmung war da endgültig im Keller. Niedergeschlagen fragte ich mich: ›Was soll das alles? Warum bin ich überhaupt hier? Was mache ich hier? ‹

Solche ›existentiellen‹ Fragen überkommen mich ab und zu. Es ist schon vorgekommen, dass ich dann einfach drauflos heule.

Ich blieb dabei und nahm mir die Auszeit. Mit ›gespielter‹ Lebensfreude ging ich also zum Taxistand. Ein gut gelaunter Spanier empfing mich. Er fuhr los ins Zentrum der nächsten Stadt und redete unterwegs unentwegt. Ich verstand quasi gar nichts und ließ ihn einfach reden.

Im Zentrum angekommen sagte er etwas von ›Kathedrale‹ und ›Fest‹. Dann hielt er an. Ich zahlte, dankte ihm und humpelte in Richtung Innenstadt. Ich setzte mich auf eine Bank, vertiefte mich in mein Routenbuch und fand den Hinweis auf ein Kloster, das für Pilger eine Unterkunft bereithält. Nach kurzer Suche stand ich vor dem Eingang des Klosters und schellte. Ein freundlicher Mann öffnete mir die Tür. Er zeigte mir ungefragt ein kleines Zimmer mit einem Bett, einem Tisch und einem Bad. Er verabschiedete sich und ließ mich staunend und dankbar zurück.

Schnell entledigte ich mich meiner Schuhe und restlichen Kleidung. Hundemüde legte ich mich ins Bett. Zwei Stunden habe ich tief und fest geschlafen.

Nach einer intensiven Körperpflege schlenderte ich ein wenig durch die Stadt. Was sahen da meine Augen? Eine kleine Kneipe und den Hinweis »Budweiser Pils«. Zielstrebig steuerte ich diese Kneipe an, bestellte ein Bier und schrieb diesen historischen Fund aus Budweis in mein Pilgertagebuch. Nachdem ich zwei Bier getrunken hatte – ›auf einem Bein kann man bekanntlich nicht gut stehen‹ – wollte ich die Kathedrale besuchen. Ich kam auf dem Weg dorthin an einem Stand mit Ansichtskarten, Kerzen und Rosenkränzen vorbei. Einer älteren Dame hielt ich meinen Pilgerpass entgegen. Mit Genuss verpasste sie mir einen

Stempel, der für mich eine besondere Bedeutung hatte. Schließlich hatte ich mir, weil ich nicht mehr anders konnte, eine Auszeit gegönnt. Und dieser Tag wurde wirklich zu einem Feiertag. In der Kathedrale ging ich nach vorne in ein Seitenschiff und setzte mich vor den Tabernakel. Ich ließ meinen Gedanken freien Lauf. Mein Beten aus dem Herzen wurde zu einem Lobpreis auf Gottes Weggeleit. Und ich schrieb in mein Tagebuch: »Die leise Sprache Gottes lernen.«

Nach einem ausgedehnten Pilgermenü für zehn Euro (Minestrone, Fleisch, Salat, Nudeln, Brot, Wein und Wasser, Obst) ging ich zügig zurück in mein Kloster. Am nächsten Morgen wachte ich gut erholt und froh gelaunt auf.

Grenzen und Hindernisse auf dem *Camino* muss man nicht suchen. Sie kommen einem entgegen.

Dabei ist die Sprachgrenze noch eine der leichteren Herausforderungen. Um sie zu bestehen, braucht es Mut zu sich selbst und die Überzeugung, dass andere Menschen mit dem eigenen ›Gestammel‹ und den ›gestenreichen Bewegungen‹ schon etwas anfangen können.

Die Devise lautet: Nur nicht an den Grenzen aufgeben. Mit ihnen leben, ja! Sich aber nicht von ihnen beherrschen lassen!

Eine andere Grenzerfahrung bewältige ich nicht so leicht. Im Gegenteil. Sie bringt mich immer wieder in Rage.

Das sind die geschlossenen Kirchen und Kapellen am Wegesrand. Sehr ärgerlich! Welches Signal geht davon aus? Ich kann und werde mich damit nicht abfinden. Wütend habe ich in mein Tagebuch geschrieben:

»Wenn Gott seine Gegenwart in der Welt abhängig machen würde von den Öffnungszeiten der Kirchen, dann aber ›Gute Nacht!‹, dann wäre er nur ganz selten da.«

Mein Unverständnis steigerte sich noch einmal, als ein Pilger von einem Hinweis an einer Kirche berichtete: ›Wer einen Pilgerstempel wünscht, solle nach der morgendlichen 8-Uhr-Messe in die Sakristei kommen.‹ Als er dort vorbei kam, war es Viertel nach Zwei.

Als Reaktion auf solche ärgerlichen Erfahrungen habe ich eine Zeitlang offene Kirchentüren fotografiert. Und häufiger habe ich mir vorgestellt, dass gerade offene Kirchentüren auch weniger religiöse Pilger zumindest zu einer Rast und zu einem stillen Verweilen einladen – oder eingeladen hätten.

Kraftorte – es gibt viele davon.
Du musst Deinen selbst finden.
Er wartet auf Dich.

Taschenzettel

12 Begegnungen mit Engeln

Engel stehen hoch im Kurs. Büchereien und Verkaufstheken für religiöse Andenken unterwegs sind voll davon.

Der *Camino* hat mich ganz persönlich erleben lassen, dass es Engel gibt. Auch wenn die Bibel, wenn sie von Engeln spricht, maskuline Typen meint, so ist mein erster bewusst wahrgenommener Engel auf dem *Camino* eine Frau. Sie heißt Ursula.

Es war wieder einmal ein Tag, an dem ich meine körperlichen Grenzen spürte. Mein linker Fuß schmerzte höllisch. Als ich an einer Wasserstelle vorbeikam, setzte ich mich dort nieder, zog meine Schuhe und Strümpfe aus und hielt meine Füße ins kalte Wasser. Wie gut das tat! Da kamen drei ältere Pilger,

zwei Frauen und ein Mann, vorbei. Eine Frau, es war Ursula, besah sich meine Füße und sagte mitleidig: »Oh Gott!« Ich reagierte prompt und fragte: »Hast Du Ahnung?« »Ja«, antwortete sie. »Bist Du Ärztin?« »Nein!« »Bist Du Krankenschwester?« »Nein!« »Was bist Du denn?« Ursula antwortete: »Ich bin eine ehemalige Arzthelferin.« Sie öffnete ihren Rucksack und packte ihre Pilgerapotheke aus. Während sie meine Füße abtrocknete, desinfizierte und mit einem Gel versorgte, stellte sie fest: »Du musst eigentlich den *Camino* abbrechen. Dein linker Fuß ist auf. Ein Glück, dass Du die Schmerzen nicht wirklich spürst.« »Ist es wirklich so schlimm?«, fragte ich irritiert. »Ich werde den Fuß so gut es geht verbinden und Dir etwas Gel und Verbandszeug mitgeben. Wenn Du im nächsten Ort ankommst, musst Du entscheiden, ob Du weitergehst.«

Ursula packte wieder ihren Rucksack. Ich zog meine Socken und Schuhe an. Dann bin ich auf Ursula zugegangen, um sie zu umarmen. »Du bist für mich ein Engel«, sagte ich mit bewegter Stimme.

Ursula sowie Marlies und Karl, so hießen die beiden anderen, verabschiedeten sich und gingen weiter.

Ich habe sie noch zwei Mal wiedergesehen. Vor allem der Sonnenuntergang am Kap Finisterre wurde zu einem gemeinsamen Fest.

Ich blieb noch eine Weile an dieser Wasserstelle sitzen, bevor auch ich mich wieder auf den Weg machte.

Eigensinnig wie ›ein Eschweiler‹ sein kann, war mir klar, dass ich den *Camino* nicht vorzeitig beenden würde. Die Folgen dieser Entscheidung zeigten sich mehrere Monate später.

Die zweite Begegnung mit einem leibhaftigen Engel ereignet sich auf meinem dritten *Camino* von Porto nach Santiago de Compostela. Es geschieht an dem Tag, an dem mich Veronika und Rafael überholen und Händchen haltend vor mir hergehen. Irgendwann machen sie Rast und ich überhole sie. Als ich dann selbst eine Rast einlege und sie mich einholen, sprechen sie mich an. Wir stellen uns einander vor und unterhalten uns. Gemeinsam gehen wir weiter und wollen am Tagesziel auch eine gemeinsame Herberge aufsuchen. Als uns das schließlich gelungen ist, sage ich: »Jetzt fehlt mir nur noch ein Engel, der spanisch spricht.« Rafael bietet sich an: »Ich spreche spanisch.« Und ich stelle erfreut fest: »Dann bist Du mein Engel. Trägst ja ohnehin schon den Namen eines Engels.«

»Um was geht's«, fragt Rafael. »Ich muss in eine Apotheke, um mir für meinen rechten ›schlimmen Fuß‹ Medikamente zu besorgen.« Gerne begleitet mich Rafael in die nächste Apotheke. Als ich der Apothekerin meinen Fuß zeige, verdreht sie die Augen und weist Rafael an, mit mir in die nahegelegene Notfallambulanz zu gehen. Dort angekommen, kümmert sich nach Überwindung einiger bürokratischer Hürden eine nette Krankenschwester um mich. Sie versorgt meinen Fuß und rät mir, so bald wie möglich nach Hause zu fahren, um mich dort weiter behandeln zu lassen. Sie gibt mir einiges an Verbandszeug mit. Dankbar lade ich Rafael in ein nahegelegenes Bistro zum Bier ein. Bei einem Glas Bier erzähle ich ihm die biblische Geschichte vom Engel Rafael. Ich spüre, wie bewegt er ist.

An diesem Tag habe ich wieder einmal erfahren dürfen, wie lebensnah die Geschichten und Erzählungen der Bibel sind. Jedes Mal, wenn ich den Namen Rafael höre, denke ich gerne an meinen Engel auf dem *Camino*.

Als ich Schwester Hiltraud, der Oberin der kleinen Franziskanerinnengemeinschaft im Schwarzwald, von ihm berichte, geht sie kurz weg, kommt wieder und liest mir folgendes vor:

›*Ich habe einen Engel gesehen. Er hatte kein weißes Gewand, kein goldenes Haar, keine Flügel. Aber in seinem Gesicht lag dieses Lächeln, seine Hände, die hilfreich zupackten ... Er war einfach da, als er gebraucht wurde. Und jetzt, wo ich genau nachdenke, glaub ich, hat er ausgesehen wie DU.*‹

Engel, es gibt sie wirklich. Gott sei Dank!

13 Von Hosentaschenzetteln und anderen Ritualen

Mein Leben braucht Struktur. In meinem bunten und facettenreichen Leben muss ich gut ›getaktet‹ sein, damit ich mich nicht im Chaos verliere.

So gehören zu meinem alltäglichen Leben feste Riten und Rituale. Damit regele ich meinen Tag und bleibe so bewusst in der Spur des Glaubens.

Das ist auch auf dem *Camino* so.

An den Anfang meiner täglichen Wanderung setze ich sehr bewusst den Wahlspruch des Heiligen Willibrord aus Echternach: *»In nomine Domini feliciter.« (»Im Namen des Herrn glücklich voran.«)*

Mit diesem Wort verbinde ich die Bitte um Gottes Segen für meinen Weg. Ich bitte um die Freude, in der ich anderen Menschen begegnen will. Ich bitte um die Freude des Glaubens, die ausstrahlt und Menschen im Herzen berühren will.

Ein weiteres Ritual vollziehe ich mehrmals am Tag. Ich habe in meinem Rucksack eine kleine Tüte mit Sprüchen und Lebensweisheiten. Für jeden Tag zwei.

Ich greife wahllos in die Tüte, ziehe einen Zettel und lese ihn laut. Wenn mich das Gelesene berührt und anspricht, dann stecke ich diesen Zettel in meine Hosentasche. Er wird damit zum Hosentaschenzettel. Unterwegs denke ich über das Wort, den Satz, den Spruch nach. So manches Mal, wenn ich in die Hosentasche greife, nehme ich den Zettel wieder in die Hand und lese ihn noch einmal. So ›bleibe ich am Ball.‹ Abends, wenn ich so manches an Ein-Sichten und Aus-Sichten des jeweiligen

Tages in mein Pilgertagebuch aufnehme, gehört dazu auch der Spruch auf dem Hosentaschenzettel.

Zwei Lebensweisheiten sind mir ganz wichtig und kostbar geworden. Die erste stammt von Sören Kierkegaard:

»Es gibt viele Freuden in Gottes Welt, nur muss man sich auf das Suchen verstehen.«

Die zweite Weisheit stammt von Meister Eckhart:

»Wenn das einzige Gebet, das du während deines ganzen Lebens sprichst, ›Danke‹ heißt, würde das genügen«.

Solche Worte begleiten mich am Anfang des Tages, in der Stunde des Schweigens, die ja auch ein festes und kostbares Ritual für mich ist.

Ein weiteres Mal vollziehe ich dieses Zettel-Ritual in der Mittagspause, quasi als geistige und geistliche Nahrung für den zweiten Teil des Tages.

Auf dem *Camino* habe ich das Rosenkranzgebet wieder entdeckt und wertschätzen gelernt. Lange Zeit konnte ich damit nichts mehr anfangen. Ich habe bei Gottesdiensten und Wallfahrten den Rosenkranz gebetet und vorgebetet, aber es hat mich nicht mehr berührt. Ja, diese Art des Jesusgebetes und der Marienverehrung ist mir zeitweise sogar verleidet worden. Sicher nicht bewusst, aber doch nachhaltig. Ich meine das schnelle ›Ferrari-Beten‹, ›das monotone Herunterleiern‹, das man vielerorts noch bei Rosenkranzandachten und beim Totenrosenkranz am Vorabend einer Beerdigung erleben kann. Immer wieder habe ich gespürt, ›wie mir der Kamm schwoll‹ und ich ärgerlich wurde. Dann kam mir auch noch das Wort in der Bibel in den Sinn »Wenn ihr betet, sollt ihr nicht plappern, wie die Heiden ...« (Mt 6,7). Dann war es ganz aus.

Auf vielen Wegstrecken des *Camino* habe ich also wieder Rosenkranz gebetet. Einen ganz kleinen Rosenkranz habe ich immer mit dabei. Und wenn ich ihn dann in der Hand halte und mich ins Beten vertiefe, bin ich in einer anderen Welt. Ich gehe, ich bete, ich schaue – nach außen und nach innen. Ich schaue nach außen und nenne laut ein Gebetsanliegen, für die Menschen, die unterwegs sind, für Menschen, denen ich begegne, für Menschen, die mir lieb und teuer sind, für Papst Franziskus und seine Botschaft, für dies und jenes, was mir in den Sinn kommt; die Gebetsanliegen gehen mir nicht aus.

Manchmal erlebe ich, wie durch dieses intensive Beten die Zeit wie im Flug vergeht. Ein anderes Mal habe ich sogar das Gefühl, dass dieses Beten eine therapeutische Wirkung zeigt. Ich spüre meine Füße nicht, meine Schmerzen habe ich ›vergessen‹.

Zu den festen Ritualen auf dem *Camino* gehört immer auch der Besuch einer Kirche oder Kapelle am Wegesrand. Natürlich nur, wenn sie geöffnet sind.

Dann gehe ich hinein, suche das Weihwasserbecken, um mich zu bekreuzigen, gehe ziemlich weit nach vorne und beginne zu singen. Meist singe ich den Anfang des ›Salve Regina‹ – ein Marienlob – und höre in den Kirchenraum hinein. Ich teste die Akustik. Wenn sie mir gefällt, dann singe ich weitere Lieder, Taizé-Gesänge, Lourdes-Lieder, was mir gerade so einfällt. Das mache ich übrigens auch dann, wenn ich vor Müdigkeit und Schmerzen eigentlich kaum dazu in der Lage bin. Ich brauche das. Wenn ich dann in einer Bank sitze, lasse ich meinen Gedanken freien Lauf. Ich halte mich so Gott hin und er muss mich so ›aushalten‹.

Ich bin ein Freund der Psalmen und finde mich mit meinem Leben dort oft wieder. Ich bin ein Freund der Situationsgebete, früher nannte man sie »Stoßgebete«. Ich rede vor und zu Gott, wie mir der Schnabel gewachsen ist. Gerade in diesen Momenten spüre ich eine sehr große Vertrautheit mit Gott. Dass mir dabei immer wieder gerne Kollege Don Camillo aus dem gleichnamigen Film einfällt, hatte ich ja bereits angemerkt.

Ich verlasse keine Kirche, ohne mich wenigstens *im Groben* umzusehen.

Dabei habe ich einmal in einer kleinen Kapelle – ich weiß gar nicht mehr, wo das war – ein Kreuz entdeckt, dessen Anblick mich fast ›umgehauen‹ hat. So ein Kreuz hatte ich vorher noch nie gesehen. Es zeigte eine selten ausdrucksstarke Christusfigur, die linke Hand des Gekreuzigten hoch oben an den Kreuzbalken genagelt, die rechte Hand nach unten ausgestreckt.

Ich stand vor diesem Kreuz. Ich war fasziniert und tief berührt zugleich. Ich setzte mich wieder in die Bank.

Und ich dachte: Der Gekreuzigte streckt selbst in der bittersten Stunde seines irdischen Lebens noch die Hand nach uns Menschen aus. Und jeder darf sich dabei angesprochen und an die Hand genommen fühlen.

Wie heißt es im Johannesevangelium: »Wenn ich am Kreuz erhöht bin, werde ich alle an mich ziehen.« (Joh. 12,32)

Im Anblick dieses Kreuzes ging mir dieses Wort Jesu neu auf. Die Liebe Gottes, die mich in diesem Kreuz so einmalig und unvergesslich berührt, lässt sich durch nichts und niemanden aufhalten; die gekreuzigte Liebe Gottes lebt, selbst in Kreuz und Sterben.

Diese Kreuzesdarstellung trage ich seit jenem Tag fest in meinem Herzen.

Wer ist Gott für Dich?
Zufall? Schicksal? Fügung?
Rätsel? Nichts?
Oder mehr? Viel mehr?

Taschenzettel

14 Ankommen

Heute ist der Tag, auf den hin ich unterwegs war. Der Pilgerweg kommt an sein Ziel. Nur noch wenige Kilometer sind es bis dorthin. Mein ganzer Körper, mein Gemüt, meine Gedanken sind in schwingender Bewegung und Vorfreude. Schon am Stadteingang umarme ich einen in Stein gemeißelten Pilger. Immer mehr Menschen begegnen mir. Viele sind Pilger, so wie ich. Andere sind Menschen, die hier wohnen oder arbeiten. Die Straßen und Sträßchen werden enger. Und dann ist es so weit. Ich stehe vor der Kathedrale von Santiago de Compostela. Da wollte ich hin. Jetzt bin ich angekommen.

Eine Anspannung löst sich. Ich drehe mich weg, damit andere mich nicht weinen sehen. Da spüre ich eine Hand auf meiner Schulter. Ich drehe mich um. Der Mann, der seine Hand auf meine Schulter gelegt hatte, spricht mich in seiner Muttersprache an. Ich reagiere spontan: »Oh Gott, ein Holländer!« Der Mann wirkt etwas irritiert. Ich erkläre ihm: »Ich begegne auf der Autobahn 61 so vielen Holländern. Hier habe ich nicht mit einem gerechnet!« Wir umarmen uns. Santiago vereint uns alle, egal, wer wir sind und wo wir herkommen. Alle sind herzlich willkommen. Meine Sehnsucht hat mich hierhin geführt. Die körperlichen Leiden und Gebrechen sind unwichtig geworden, nachdem ich am Zielort und bei mir selbst angekommen bin.

Mit großem Respekt betrete ich die Kathedrale. Meine Augen müssen sich an den dunklen Kirchenraum gewöhnen. Langsam, Schritt für Schritt, gehe ich auf dem steinernen Pflaster dieses heiligen Ortes, der eine lange Geschichte hinter sich hat und ein kostbarer Teil unseres christlichen Glaubens ist. Ich staune über die Höhe der Kathedrale, die mich aufnimmt in der Weite meiner Gedanken und meiner Gefühle. Ich spüre in mir eine tiefe Dankbarkeit dafür, jetzt hier zu sein. Ich rieche den süßen Weihrauchduft und denke an das Psalmwort »Wie Weihrauch steigt mein Gebet zu Dir hinauf, Du guter Gott.« (Ps 141, 2)

Eigenartig ist das, was ich jetzt wahrnehme. Ich spüre, wie mich jemand zieht, gleichsam wie ein Magnet. Die unsichtbare Kraft zieht mich zu einem Beichtstuhl. Ohne lange darüber nachzudenken, was ich da eigentlich soll, knie ich nieder und werde von einem Deutsch sprechenden Priester herzlich begrüßt. Ich höre mich sagen: »Ich heiße Michael und bin ein Kollege von Ihnen.« Der Priester reagiert sehr freundlich und bietet mir das Du an. In diesem Priester begegne ich einem einfühlsamen Menschen, der in Gedanken mit mir ist und mir zuhört. Ihm schütte ich mein Herz aus. Er ermuntert mich, die Kathedrale von innen und außen kennen zu lernen sowie deren vielfältige, bunte und facettenreiche Botschaften wahrzunehmen und zu verstehen.

Nach dem Wort und der Zusage der Barmherzigkeit Gottes wünscht mir der Priester eine gute Zeit in Santiago und lädt mich für den nächsten Tag zur Mitfeier der Pilgermesse ein, die jeden Tag um 12.00 Uhr in der Kathedrale stattfindet.

Ich setze mich in eine Bank und versuche, das gerade Erlebte und Geschehene in ein Gebet zu bringen. Doch zunächst bin ich einfach nur in meiner Gefühlswelt. Ich denke an die biblische Szene auf dem Berg Tabor, wo Petrus im Hochgefühl des Erlebten zu Jesus sagt, »Herr, wir wollen hier drei Hütten bauen«(vgl. Mt 17,4). Er wollte einfach die Zeit anhalten und die Gefühle, in denen sich für ihn Himmel und Erde verbinden, bewahren. Das Erlebte sollte nicht zu Ende gehen.

Ich beginne, eines meiner Lieblingsgebete zu sprechen, das vielen Menschen eher als Lied bekannt ist:

»Hilf, Herr meines Lebens, dass ich nicht vergebens hier auf Erden bin.

Hilf, Herr meiner Tage, dass ich nicht zur Plage meinem Nächsten bin.

Hilf, Herr, meiner Stunden, dass ich nicht gebunden an mich selber bin.

Hilf, Herr meiner Seele, dass ich dort nicht fehle, wo ich nötig bin.

Hilf, Herr meines Lebens, dass ich nicht vergebens hier auf Erden bin« (Gotteslob Nr. 440).

Ich sitze in der Bank. Ich spüre meine Knochen, körperlich bin ich ziemlich erschöpft, innerlich aber beschwingt, fröhlich und glücklich. Alle Warnungen von außen und innen, alle Ängste, Zweifel und Bedenken haben mich nicht von der Pilgerwanderung abhalten können.

Ich hab's geschafft. Wie sehr war es immer mein Wunsch, diese heilige Stätte einmal persönlich kennen zu lernen.

Ich stehe auf und gehe bis zum Altarbereich. Ich schaue mir das weltberühmte Weihrauchfass an, das zu bestimmten Zeiten, Anlässen und Festen von mehreren Männern mit einer gekonnten Technik in die Höhe, fast bis zur Kirchendecke hin und her geschwenkt wird. Dann lenke ich meinen Blick auf die große Büste des Apostels Jakobus auf dem Hochaltar und sehe, wie Menschen hinter dem Altar hochsteigen und die Büste von hinten umarmen als Zeichen der Verehrung und Wertschätzung. Ich reihe mich in die lange Schlange von Menschen ein, die ebenfalls dieses Ritual vollziehen wollen. Während ich nur langsam vorankomme, frage ich mich, was ich mit der Teilnahme an diesem Ritual ausdrücken möchte. Mir fällt vieles ein: die Dankbarkeit für die Möglichkeit dieses Pilgerns, für all die überraschenden Begegnungen mit Menschen, für die erlebte Schöpfungsvielfalt, für die Ein- und Aussichten auf dem Weg, für die Grenzerfahrungen und den Umgang mit ihnen, für die Stärkung im Glauben, für die Gewissheit, immer von anderen umgeben zu sein und aufgefangen zu werden, für die neu entfachte Begeisterung, für das ›Burn in‹, wie es Notker Wolf nennt, für das Dasein im Hier und Jetzt. Ich weiß, dass ich nur einen Augenblick Zeit haben werde, die Büste des Apostels

zu berühren und zu umarmen. Und als ich da stehe und meine Arme um die Büste lege und mit meiner Stirn den Rücken des Apostels berühre, sage ich leise: »Danke Santiago, Du bist mein Freund.«

Über eine große Treppe gelange ich auf den riesigen Vorplatz, auf dem unzählige Menschen im Gespräch miteinander stehen oder sitzen und zumeist jüngere Menschen mit ihrem Rucksack unter dem Kopf auf dem Boden liegen. Ein Bild der Harmonie und Ruhe, trotz der Menschenmenge.

Ich setze mich irgendwo an den Rand des Platzes auf eine Mauer, lasse meinen Gedanken freien Lauf. Mein Blick wandert zwischen den Menschengruppen hin und her.

Ich beobachte gerne Menschen. Hier vor der Kathedrale meine ich in vielen Gesichtern große Zufriedenheit zu erkennen, so als wären sie mit sich im Reinen, selbst bei denen, denen man die körperlichen Anstrengungen ihrer Wanderung ansieht.

Santiago, die Pilgerstadt, ist der Weg wert, der hinter mir liegt. Mögen die Motive zu pilgern so unterschiedlich sein wie die Menschen, die unterwegs sind. Wohl alle verbindet das Gefühl, es geschafft zu haben, und der tiefen Dankbarkeit, hier zu sein. Ich bin sicher, Gott ist mittendrin. Gott, der sich im Dornbusch dem Mose als JAHWE, »Ich bin der, ich bin da« (Ex 2, 14) vorgestellt hat, er ist da, ob Menschen daran glauben oder nicht. Gott ist da – Santiago, der Apostel, sowie dieser heilige Ort sind Zeugen dafür. Und auch die Menschen sind Zeugen dafür, wie sie es auch immer empfinden und ausdrücken können und wollen.

Mich drängt es, mein Hotel aufzusuchen, das mir ein Mitarbeiter des Hilfswerks Misereor empfohlen hatte und der dort für mich ein Zimmer reserviert hat. Das kleine Hotel liegt am Rande des Zentrums von Santiago, circa 350 Meter von der Kathedrale entfernt. Nach Erledigung der Formalitäten betrete ich mein Zimmer und jauchze: »Bellissimo!« Welch ein wunderbarer Blick auf die Fassade der Kathedrale. Eine weitere Belohnung zum Schluss meiner Reise.

Ich lasse mich aufs Bett fallen und bin einfach nur glücklich und dankbar. »Wenn ich das in meinem Club erzähle!« Ich meine damit, dass das alles für mich nicht selbstverständlich ist. Ich fühle mich beschenkt. Und das hat wiederum ganz entscheidend mit meinem Glauben an einen Gott zu tun, der es gut mit mir meint und der will, dass ich meine Lebensmöglichkeiten als einen Ruf und als eine Sendung verstehe. Santiago lehrt mich dies aufs Neue und eindringlicher denn je.

Nach einer längeren Ruhepause, dem Erlebnis einer erfrischenden Dusche und der intensiven Pflege meiner Füße gehe ich beschwingt ins Pilgerzentrum, um mir dort ein festliches Menü zu gönnen.

In dem großen Gewölberaum eines Restaurants nahe der Kathedrale nehme ich Platz. Gut essen und trinken, sich etwas Gutes gönnen, den Augenblick nutzen und wertschätzen, auch das gehört zum *Camino*. Nach und nach kommen weitere Pilger, es gibt ein Wiedersehen mit dem einen oder anderen. Es ist, als ob man sich schon Jahre kennt. Es wird erzählt, gelacht, man prostet sich zu und genießt die Fröhlichkeit der

Gemeinschaft. Einige wollen noch einen Tag in Santiago verbringen, bevor es wieder nach Hause geht. Man verabredet sich für den nächsten Tag.

Ich schlendere auf dem Weg ins Hotel durch das nächtliche Stadtzentrum, komme zu einem weiteren großen, gut besuchten Platz, offenbar vielen eine bekannte Adresse. In den Bars und Cafés, aber auch auf dem Platz findet ein munteres Treiben statt. Straßenmusiker mit ihren Instrumenten laden zum Tanzen ein.

Meditative Melodien und Lieder lassen aber auch eine andächtige Stille zu. Ich gehe intuitiv in einen Laden, der unzählige Ansichtskarten und Spruchmotive anbietet. Ich finde dort eine Karte, die ich am nächsten Tag etlichen Menschen in der Heimat schicke und die ich fortan noch oft als Predigtmotiv für Hochzeiten benutze. Diese Karte zeigt eine Sonnenblume, in deren Mitte zwei Jakobspilger auf dem *Camino* zu sehen sind. An den Rändern der Karte steht in vier verschiedenen Sprachen »Träume nicht Dein Leben. Lebe Deinen Traum!« Diese Karte ist für mich wie ein »Sechser« im Lotto. Sie bringt alles auf den Punkt, was ich bisher von mir eher unbewusst gefordert habe. Und ich denke vor mich hin: Das kann doch kein Zufall sein. Ich bin mir sicher, das ist kein Zufall. Das soll so sein! Wieder einmal ein kleiner Gottesbeweis für mich.

In dem Gefühl, vieles erlebt zu haben, nicht nur an diesem Tag, sondern auch an den Tagen zuvor, zieht es mich endgültig ins Hotel, um einfach, ohne an den nächsten Tag zu denken, einmal auszuschlafen. Ich gönne mir noch einen Nachttrunk. Als ich dann mein Zimmer betrete, sehe ich wieder auf die imposante Kathedrale, bei Nacht angestrahlt. Ich setze mich ans Fenster, bestaune diesen Anblick und bete »Ich bin bei Dir angekommen, guter Gott. Und ich bin bei mir selbst. Danke!«

15 »Auf ein Wiedersehen«

Der nächste Tag ist geprägt vom Highlight der Pilgermesse. Kurz vor 12.00 Uhr beginnt eine Nonne mit einer wunderbaren Stimme die vollbesetzte Kathedrale in die Gesänge des Gottesdienstes einzustimmen. Mit etwa 15 Priestern stehe ich in der Sakristei und warte gespannt auf das Zeichen zum Einzug. Als dann der Hauptzelebrant, ein spanischer Priester, uns zum Losgehen auffordert, werden wir empfangen von einer feierlichen Atmosphäre, die dem Organisten Raum und Zeit zur freien Improvisation lässt. Und die nutzt er an seiner mächtigen Orgel. Da ich kein Spanisch verstehe, geht in der Folge vieles an mir vorbei, was der zelebrierende Priester im Verlauf der Messe vermittelt. Dennoch fühle ich mich eingebunden und mir fällt ein Wort ein, das eine Frau bei einem Einkehrtag zum Thema »Pilgern« gesagt hat: »Es ist wie Heimkommen.« Eucharistie zu feiern mit diesen vielen Menschen, das bedeutet, vereint zu sein in einer gemeinsamen Gesinnung des Dankens, des Staunens, des Berührtseins von einer Macht, die mehr ist als alles von Menschen Erdachte und Geschaffene.

Ich spüre plötzlich, wie klein und unscheinbar ich selber bin in diesem großen Kirchenraum und auch in dem heiligen Geschehen, an dem ich teilhaben darf. Gleichzeitig gibt mir gerade dieses »Mit-dabei-Sein« ein intensives Gefühl, dass ich ein Teil eines großen Geschehens bin. So viele Menschen sind hier beisammen, hören die guten alten und zeitlosen Worte aus der Bibel und feiern, dass Gott zu uns allen JA sagt, so wie wir sind, und dass er uns aufruft, das Leben der Welt mitzugestalten.

Ich spüre an diesem heiligen Ort aufs Neue die Freude über meine eigene Berufung. Und ich denke wieder an Notker Wolf und sein Vortragsthema vom »burn in«. Ja, ohne Lust und

Leidenschaft bleibt das Leben in sehr engen Bahnen, eintönig und trist.

Leben braucht immer wieder den Aufbruch, sich auf Neues einzulassen, das Wagnis, den Mut, sich aus dem Trott des Alltags zu lösen und auf Fremde zuzugehen. Ich spüre, dass ein solcher Gottesdienst wie die Pilgermesse in Santiago einem auch eine neue Lust und Leidenschaft für das persönliche Christsein schenken kann sowie das Wissen, nicht allein zu sein, wenn man neue Wege geht.

Mir fällt ein Wort von Roger Schütz, dem Gründer der ökumenischen Mönchsgemeinschaft in Taizé ein: »Lebe das vom Evangelium, was Du begriffen hast, und sei es noch so wenig.«

Als wir Priester nach der heiligen Messe durch die Kirche in die Sakristei gehen, werden wir unter festlichem Orgelklang vom Klatschen begeisterter Menschen begleitet. Könnte doch so eine Erfahrung auch anderen Menschen zuteilwerden, vor allem jenen, die so etwas der Kirche gar nicht mehr zutrauen oder zumindest lange nicht mehr erlebt haben.

Am Rande des großen Platzes vor der Kathedrale setze ich mich auf eine Treppenstufe und lasse mich von der Sonne und dem fröhlichen Treiben gefangen nehmen.

Mir kommt ein Ritual in den Sinn, das Rom-Reisende am Trevi-Brunnen vollziehen. Sie stellen sich mit dem Rücken zum Brunnen und werfen dann ein Geldstück rückwärts ins Wasser. Dann wünschen sie sich oder versprechen sogar, wieder einmal nach Rom zu kommen.

Warum fällt mir gerade dies jetzt ein? Weil es in meinem Kopf außer vielen anderen Gedanken besonders den einen gibt: Ich möchte wieder nach Santiago kommen, so Gott will und meine Gesundheit mitspielt. Ich möchte wiederkommen an diesen heiligen Ort, der mir zu einem besonderen Kraftort geworden ist. Ich möchte mich wieder auf den Weg machen, auf den *Camino*, mit anderen Menschen, die ihre Spuren suchen und nach dem Sinn des Lebens fragen.

Santiago, »Auf Wiedersehen!«

> Danken heißt denken und nachdenken.
> Nichts im Leben ist selbstverständlich.
>
> Taschenzettel

16 Mein Freund Jakob – und was sein Leben mit mir zu tun hat

Irgendwo habe ich ein Wort des griechischen Philosophen Epikur gelesen: *»Von allen Dingen, die das Glück des Lebens ausmachen, schenkt die Freundschaft uns den größten Reichtum.«*

Für mich ist der heilige Jakobus zum Freund geworden. Es ist eine besondere Freundschaft. Sie ist nicht vergleichbar mit anderen Freundschaften, die mir ganz wichtig und wertvoll sind und aus denen ich viel Kraft und Energie schöpfe. Jakobus oder Jakob, wie ich ihn liebevoll nenne, habe ich ja nie persönlich kennengelernt. Er ist mir vertraut geworden aus dem, was andere mir von ihm erzählt haben, die Evangelisten und der Verfasser der Apostelgeschichte. Aus den dortigen Erzählungen habe ich nach und nach einen lebendigen Menschen kennengelernt mit einer eigenen Gestalt, einem aufmunternden Blick und einer überzeugenden Stimme. Ich lerne einen Menschen kennen, der mir sympathisch ist. Er ist kein Held. Er ist Mensch und somit nicht perfekt. Er ist mitunter sehr impulsiv und emotional. Deshalb erhält er von Jesus den Beinamen ›Donnersohn‹. Irgendwie fühle ich mich ihm verwandt.

Eines Tages wird er von Jesus, dem überall bekannten Wanderprediger, bei seiner Arbeit als Fischer am See Genezareth angesprochen. Er soll ihm folgen. Jakob ist spontan: er lässt alles stehen und liegen. Er lässt sich faszinieren und mitreißen. Jesus hat in ihm etwas ausgelöst, das ihn aufbrechen lässt in einen ganz neuen Abschnitt seines Lebens. Diesem Jesus kann er nicht widerstehen. Jakob folgt einer neuen Berufung (nach Mk 1,19-20).

Es gibt Tage und Zeiten im Leben, da gilt es sich zu entscheiden. Jetzt, sofort, spontan. Solche einmaligen Augenblicke – man spricht dabei auch vom Kairos – kommen und gehen. Ich glaube, dass Gott Menschen anspricht und ruft. Ich wünsche mir mehr Achtsamkeit, damit ich diesen Ruf nicht überhöre bei all dem, was ich alltäglich um die Ohren habe.

Mein Freund Jakob ist einer der ersten, die Jesus um sich schart als seine Getreuen. Sein Bruder Johannes gehört dazu sowie seine Arbeitskollegen Simon und Andreas. Und die anderen, die wie er von Jesus ganz persönlich angesprochen und in diese neue Gemeinschaft gerufen werden.

Jakob erlebt Jesus jeden Tag, drei Jahre lang sind sie zusammen. Es sind Jahre, die sein bisheriges Leben grundlegend verändern. Er geht in die Schule Jesu. Oft fragt er sich, ob alles das, was ihm als Kind und Jugendlicher vermittelt wurde, falsch oder zumindest teilweise falsch war. Denn was Jesus sagt und lehrt, ist so neu, so anders.

In der Lernschule Jesu gibt es Theorie als Hintergrund und Praxis zum Anfassen. Die Person Jesu vereint Lehre und Lehrer. Jesus redet und handelt. Und er redet und handelt in einer Weise, die die Menschen seiner Zeit aufhorchen lässt, die fasziniert und animiert, die begeistert, aber auch stört, provoziert und polarisiert.

Die Lernschule Jesu zwischen Theorie und Praxis erfordert die ständige Bereitschaft, zuzuhören und zugleich, sich zu öffnen und einzulassen auf neue Einsichten.

Dabei geht es nicht einfach um die nur pflichtgemäße Einhaltung von Gesetzen, Ritualen und Vorschriften. Da geht es nicht um einen bedingungslosen Gehorsam gegenüber einem religiösen System, das von Gelehrten und geistlichen Führern vorgegeben und überwacht wird. Es geht um etwas ganz anderes, was Jakob zwar schon oft gehört hat, jetzt aber in einer ganz neuen Weise übermittelt bekommt. »Du sollst den Herrn, deinen Gott, lieben mit ganzem Herzen und ganzer Seele, mit all deiner Kraft und all deinen Gedanken. Und: Deinen Nächsten sollst du lieben wie dich selbst« (Lk 10,27)

Im Umgang mit den Menschen, besonders mit Kranken, Ausgestoßenen und Schuldiggewordenen zeigt Jesus, dass jeder Mensch vor Gott seine einmalige Würde hat und dass Gott jeden Menschen liebt, so wie er ist.

Jesus nimmt sich Zeit für die Menschen, er sieht sie und schaut sie an. Er redet mit ihnen. Er fragt sie nach ihren Wünschen.

Jesus hat die Fähigkeit, Menschen zu heilen und die inneren Kräfte und Sehnsüchte in den Menschen zu einem neuen Leben zu mobilisieren.

Jakob und die anderen sind oft hin- und hergerissen von der Art, wie Jesus denkt, redet und handelt. Und des Öfteren fragt sich Jakob, »in welchen Film er da eigentlich geraten ist.«

Eines Tages dürfen er, Simon, dem Jesus den Beinamen Petrus gegeben hat, und Johannes mit Jesus gemeinsam auf den Berg Tabor gehen. Nicht nur das Erleben dieser kleinen Gruppe ist schon die Wanderung wert, sondern vor allem das, was da oben auf dem Berg geschieht. Das Gipfelereignis lässt sich nicht mit Worten beschreiben. Die Faszination, die hier von Jesus ausgeht, ist einmalig berührend und ›umwerfend‹. Es ist ›ein Traum‹ (nach Mk 9,2 ff.).

Tolle Erlebnisse und beglückende Augenblicke möchten wir gerne festhalten. Wir möchten die Uhr anhalten. Wir möchten, dass das Hier und Jetzt einfach bleibt.

»Gute Erinnerungen sind wie ein Paradies, aus dem man nicht vertrieben werden kann.« (nach Jean Paul)

Andererseits wissen wir, dass in der Realität paradiesische Verhältnisse nicht lange andauern. Gerade dann, wenn es mir schlecht geht, will ich die guten Erinnerungen als Rettungsanker auswerfen, um leichter über schwierige Phasen hinwegzukommen.

Das besondere Erlebnis in der ganz kleinen Gemeinschaft mit Jesus auf dem Berg Tabor erfährt eine Fortsetzung. Doch diesmal ist es weder für Jakob, noch für Simon Petrus und seinen Bruder Johannes ›ein Ruhmesblatt‹.

Jesus bittet sie darum, mit ihm in den Garten Gethsemani zu gehen. Dort angekommen sagt Jesus, dass er allein noch ein Stück weitergehen will und sie auf ihn warten sollen. Es ist eine bedrückende Stimmung. Sie ahnen nichts Gutes und setzen sich. Das Warten macht müde. Sie werden schläfrig und nicken ein. Plötzlich hört Jakob die Stimme Jesu. Er steht da, schaut die drei ganz ernst an und sagt: »Konntet Ihr denn nicht eine

Stunde mit mir wachen« (Mt 26,40)? Jesus ist enttäuscht. Er hatte sich gewünscht, dass sie ihm gerade jetzt beistehen (nach Mt 26,36 ff.). Jakob schämt sich. Niemand wagt etwas zu sagen.

Ich erinnere mich an Situationen, in denen ich Menschen enttäuscht habe. Und es mag weitere Situationen gegeben haben, in denen Menschen von mir enttäuscht waren, ohne dass ich es gemerkt habe. Manchmal habe ich versucht, mich zu rechtfertigen. Vergebens. Besser ist es, nicht um die eigenen Fehler und Schwachstellen herumzureden, sondern sie einzugestehen. Die ehrliche Erkenntnis, versagt zu haben, kann Geschehenes nicht wieder gut machen. Aber es kann ein Anfang sein, es zukünftig besser zu machen.

Für meinen Freund Jakob gibt es in der Lernschule Jesu Fortschritte, aber auch Rückschläge.

Die Apostel und Freunde Jesu unterhalten sich immer wieder über seine Reden, in denen er die Vision von einer neuen Welt entfaltet. Sie denken, dass diese neue Welt auch verbunden ist mit dem Ende der Besatzung durch die Römer. Auch in der neuen Welt muss es Aufgaben, Arbeits- und Verantwortungsbereiche geben. Damit sind natürlich Posten verbunden. So kommen eines Tages Jakob und Johannes zu Jesus und bitten unvermittelt: »Wir möchten in der neuen Welt links und rechts neben Dir sitzen« (nach Mk 10,37). Kaum ist dieser Wunsch ausgesprochen, gibt es mächtig Zoff und Eifersucht unter den Aposteln.

Jesus geht mit einer kurzen »Gardinenpredigt« dazwischen: »Ihr wisst, dass die, die als Herrscher gelten, ihre Völker unterdrücken und die Mächtigen ihre Macht über die Menschen missbrauchen. Bei Euch aber soll es nicht so sein, sondern wer bei Euch groß sein will, der soll Euer Diener sein« (Mk 10,42–43).

Das ist klar und eindeutig. Das ist eine Kost, an der sie noch lange zu kauen haben. In der neuen Welt gelten ganz andere Vorstellungen und Regeln. Jakob, Johannes und die anderen müssen begreifen:

Die Lernschule Jesu erfordert mehr als nur Anwesenheit. Es geht darum, die Botschaft Jesu und sein Leben immer mehr zu verinnerlichen und Jesus nachzufolgen, ohne ›Wenn und Aber‹, mit Haut und Haaren. Doch bis dahin ist es noch ein langer Weg.

Gerade diese Szenerie, in der Jakob, Johannes und auch die anderen ganz schön blamiert dastehen, ist für mich wie eine Gewissenserforschung. Ich muss als Christ erkennbar sein in meiner Demut und Bescheidenheit. Im Christsein geht es nicht um mich, sondern darum, dass Jesus durch mich reden und wirken kann. Ich bin sein Werkzeug. Ich kann Jesus helfen, indem ich ihm zu Diensten bin. Das ist meine Sendung.

Die Lernschule Jesu ist kein Freizeitprogramm. Jesus fordert und fördert. Er geht aufs Ganze und riskiert sich selbst. Viele Menschen folgen ihm und spüren, dass seine Worte treffen und betroffen machen, dass seine Nähe gut tut, aber auch kritische Fragen aufwirft.

Menschen fühlen sich von Jesus angesprochen, so sehr, dass sie ihm am liebsten gleich folgen möchten.

So erlebt Jakob mit, wie ein junger Mann zu Jesus kommt und ihn fragt:

»Was muss ich tun, um das ewige Leben zu gewinnen« (Mk 10,17)? Jesus weist den Mann auf die Befolgung der Gebote hin. Doch das reicht diesem Mann nicht aus. Dann schaut Jesus ihm tief in die Augen und sagt: »Eines fehlt Dir noch. Geh, verkaufe, was Du hast, gib das Geld den Armen, und Du wirst einen bleibenden Schatz im Himmel haben; dann komm und folge mir nach« (Mk 10,21).

Da ist der Mann sehr betroffen und zugleich traurig. Er hat ein großes Vermögen (nach Mk 10,17 ff.) und weiß nicht recht, wie er damit umgehen soll.

Jakob und die anderen stehen ebenfalls betroffen da. Sie fragen sich, ob das, was Jesus will und sich vorstellt, die Menschen nicht überfordert. Andererseits: Jesus macht deutlich, dass der Weg mit ihm kein Spaziergang ist, nichts für Menschen ist, die zwar mit ihm gehen wollen, aber vor der letzten Konsequenz zurückschrecken.

Mir wird klar, dass es in Jesu Appell um mehr geht als um die Aufgabe von materiellem Vermögen. Es geht um alles, worum mein Denken kreist und was sich meiner oft auch bemächtigt. Der Hang zu oder die Abhängigkeit von materiellen, von allzu irdischen und eigentlich vorläufigen Dingen hindert mich, dem Weg Jesu konsequent und eindeutig zu folgen. Ich benehme mich mitunter wie ein Teilzeit-Christ. So, als ob ich es mir aussuchen könnte, wann ich mehr Christ sein will oder wann ein bisschen weniger.

Die Lernschule Jesu ist ein lebenslanges Projekt. Jesus muss Geduld und einen langen Atem mit seinen Schülerinnen und Schülern haben. Er muss miterleben, dass Furcht und Angst in ihnen übermächtig werden. Drei Jahre lang hat er mit seinen Freunden und Nächsten gelebt und alle Zeit mit ihnen geteilt. Er hat sie nach und nach auf seinen kommenden Weg vorbereitet. Immer und immer wieder hat er ihnen gesagt, dass der Weg nach Jerusalem ›kein Zurück‹ mehr kennt. Dort wird sein

Ein Wegkreuz auf dem portugiesischen Camino

menschliches Schicksal von denen in die Hand genommen, deren System er immer wieder angeprangert hat. Jesus begibt sich freiwillig in die Hände derer, die Hand an ihn legen und ihn ein für alle Mal mundtot machen und beiseite schaffen wollen. Jesus weiß, dass das der Preis für seinen Weg, seine Liebe zu Gott, den er seinen Vater nennt, und zu den Menschen ist.

Jakob und die anderen müssen mit ansehen, wie der Weg Jesu in eine menschliche Katastrophe führt. Sie bekommen es mit der Angst zu tun und fürchten um ihr eignes Leben. Als Jesus sich gefangen nehmen lässt und sein irdisches Ende unaufhaltsam naht, da fliehen fast alle, denen er immer so nahe war. Und Jakob ist einer von ihnen.

Ich frage mich:

Wäre ich geblieben? Hätte ich den Mut aufgebracht, mich zu Jesus zu bekennen? Wäre meine Freundschaft zu ihm so fest und stabil, dass mich niemand von ihm hätte trennen können? Ehrlich gesagt, ich weiß es nicht. Ich hoffe nur, dass mich die Lernschule Jesu immer stärker und mutiger werden lässt. Gerade dann, wenn es darum geht, dem Glauben meine Stimme und mein Gesicht zu geben, zur Freundschaft mit Jesus zu stehen, komme, was da wolle.

Ich hoffe aber auch, dass Jesus meine Angst und meine Feigheit, der ich manchmal nicht entgehen kann, in mutiges Handeln verwandeln kann.

Mein Freund Jakob ist mir auch in dieser Hinsicht sehr nahe. Denn ich finde mich wieder in seinem Mitgehen mit Jesus, in seinem ›Menscheln‹ und in seinen Schwächen. Jesus hat, um einen sportlichen Vergleich zu wählen, Amateure berufen. Bis zum Aufstieg in die Champions League ist es für alle eben ein weiter Weg. Oftmals ein lebenslanger. Was mich tröstet und zugleich Mut macht, ist das Wissen, dass viele Freunde Jesu mitunter lange Jahre ihres Lebens gebraucht haben, um die zu werden, die sich Jesus gewünscht hat.

Auch Jakob und die anderen Jünger brauchen Zeit, um das zu verstehen und zu verinnerlichen, was Jesus ihnen gesagt und gezeigt hat.

Jakobs Bruder Johannes erzählt in seinem Evangelium von einer besonderen Begegnung am See Genezareth.

Etliche der Freunde Jesu waren dort beisammen. Simon Petrus steht auf und teilt den anderen mit, dass er jetzt fischen geht. Die anderen kommen mit. Sie müssen dann wie schon oft erleben, dass nicht jeder Fischfang ein Erfolg ist. Nach einer vergeblichen Nacht kommen sie am Morgen mit ihren Booten in die Nähe des Ufers. Dort steht jemand, den sie nicht kennen. Nachdem sie seine Frage, ob sie etwas gefangen und somit zu essen haben, verneinen müssen, fordert er sie auf, noch einmal auf den See zu fahren und diesmal das Netz auf der rechten Seite auszuwerfen. Er verspricht sogar, dass sie dann etwas fangen werden. Seltsam, sie fahren erneut hinaus, gegen jede Gewohnheit und Berufserfahrung. Und dann: Jakob und die anderen werden Zeugen eines Wunders. Sie fangen so viele Fische, dass sie Mühe haben, die Netze ins Boot zu ziehen (nach Joh 21,2ff).

Nun schlägt die Sternstunde von Jakobs Bruder Johannes. Er ruft den anderen zu: »Es ist der Herr.« (Joh 21,7)

Am Ufer angekommen ruft Jesus sie zum Mahl: »Kommt her und esst« (Joh 21,12). Das ist ein Ritual, das sie kennen und das ihnen vertraut ist.

Von solchen österlichen Begegnungen mit Jesus gibt es etliche.

Die Freunde Jesu brauchen immer wieder neu seine Gegenwart, damit sie Schritt für Schritt das Unglaubliche verinnerlichen und weitersagen lernen: Dass Jesus lebt; dass bei Gott nichts unmöglich ist; dass die Liebe Gottes sich niemals aufhalten lässt, auch nicht vom Tod.

Als gläubige Menschen lernen Jakob und die anderen aufzubrechen in alle Welt, um den Menschen sein Evangelium zu bringen, so wie Jesus es ihnen aufgetragen hat.

Und sie wissen, dass sie nur dann Menschen mit dem Feuer der Liebe Jesu entzünden können, wenn sie selbst brennen und leidenschaftlich für den Glauben an Gott werben.

Wieder einmal denke ich an Notker Wolf und seine Rede vom ›burn in‹. Ich stelle mir vor, welche Wandlung in Jakob und den anderen erfolgt sein muss, dass sie nach der schrecklichen Tragödie des gewaltsamen Todes ihres besten Freundes Jesus nun zu himmelhochjauchzenden Boten und Zeugen seines Evangeliums werden.

Ich denke an Menschen, die viel Leid erfahren haben und daran nicht zerbrochen sind, weil Menschen ihnen beistanden ohne viele Worte, auch im Teilen der eigenen Ohnmacht und Hilflosigkeit. Ich denke an Menschen, die angesichts unfassbarer Schicksalsschläge an Gott zweifelten, aber nicht verzweifelt sind.

Ich denke an Menschen, die mir erzählt haben, dass sie keine Angst vor dem Sterben und dem Tod haben, weil sie sich sicher sind, welchen Weg sie gehen.

Ich wünsche mir, dass auch mich in schwierigen Situationen die Kraft des Glaubens nicht verlässt.

Jakob wird, wie die anderen auch, unter Einsatz seines Lebens Jesus folgen.

In seinem Namen geht er auf die Menschen zu und vermittelt ihnen in überzeugenden Worten, Zeichen und Gesten die Gewissheit, dass Gott sie liebt und für sie da ist, immer und ewig.

Jakob und die anderen österlichen Zeugen treffen aber auch auf taube Ohren und verstockte Herzen. Sie werden verfolgt und misshandelt. Sie werden gefangen genommen und wegen ihres Glaubens getötet. Sie teilen das Schicksal Jesu.

Nach dem Zeugnis der Apostelgeschichte lässt König Herodes Jakob als ersten der zwölf Apostel mit dem Schwert hinrichten (Apg 12, 2). Auch andere lassen ihr Leben für den Glauben an Gott. Aber keine Macht der Welt kann sie von diesem Glauben abbringen.

Die Lernschule Jesu hat aus Jakob und vielen anderen Menschen mutige und standhafte Zeugen der Liebe Gottes zu allen Menschen gemacht. Die gemeinsamen Jahre mit Jesus haben sie zu leidenschaftlichen Hoffnungsträgern werden lassen, deren Leben und deren Glaube bis heute ausstrahlen.

Ich bin dankbar, dass ich Jakob auf dem Camino kennenlernen durfte mit seinen Stärken und mit seinen Schwächen. Gerade weil er kein Übermensch war, hat sein Leben einen starken Eindruck auf mich und vielleicht auch auf andere in der heutigen Zeit gemacht.

Jahr für Jahr machen sich viele Menschen auf den Weg nach Santiago. Sie nehmen Strapazen, Wind und Wetter und manch andere Herausforderungen in Kauf. In ihnen brennt eine Sehnsucht nach Leben, nach Sinn, nach Liebe und nach Zukunft. Diese Sehnsucht kann die Tür zur Lernschule Jesu öffnen, über der steht »Kommt und seht« (Joh 1,39)!

Hineingehen muss jedoch jeder selbst.

Überraschungen lassen Dein Leben nicht zur Gewohnheit werden.

Möge Dir Dein Leben viele schöne Überraschungen schenken.

Taschenzettel

17 *Der Camino endet – und die vielen »Hosentaschenzettel«?*

Kurz vor der Abreise sitze ich nochmals auf einem der Plätze in der Nähe der Kathedrale in Santiago. Wie üblich trinke ich einen doppelten Espresso und ein »agua minerale con gas«. Ich sehe den Alltag vor mir und frage mich, welche Erfahrungen auf dem *Camino* ich zu Hause *erden* kann. Denn daheim wird mich der Alltag ganz schnell einholen. Erlebnisse auf dem *Camino* verblassen, neue Einsichten verlieren an Ausstrahlung, für Euphorie bleibt kaum Platz. Mir kommt die Idee, mir so etwas wie eine künstliche Schatzinsel zu bauen und auf ihr ein Kästchen aufzubewahren mit den von mir selbst verfassten »Hosentaschenzetteln«. Einmal oder zweimal in der Woche – oder in welchem Rhythmus auch immer – will ich in das Kästchen greifen und einen Zettel ziehen. Ich lese ihn mir laut vor, ich erinnere mich und bedenke, was dieses Wort mir jetzt sagt. Ich stecke ihn in meine Hosentasche und nehme ihn mit durch den Alltag. Mit diesem Ritual will ich dem *Camino* verbunden bleiben. Denn die Lernschule des Lebens geht weiter. Jeden Tag.

»Buen Camino!«

Auf einer eigens eingerichteten Schatzinsel in meiner Wohnung steht inzwischen das Kästchen mit den Hosentaschenzetteln. Und jeden Tag – ich will ehrlich sein – fast jeden Tag ziehe ich aus diesem Schatzkästchen einen Zettel. Und ich erinnere mich, wo auf dem *Camino* mir der selbst auferlegte Appell dienlich war.

18 Worte des Dankes

»Ich gehe auf jeden Fall«, so habe ich 2011 Wolfgang, meinem Hausarzt, gesagt. Das war mitten in der Untersuchungsphase nach der Diagnose »Melanom«, einem bösartigen und aggressiven Hautkrebs. Am Vorabend meiner ersten Pilgerwanderung auf dem *Camino* erhielt ich die erlösende Nachricht, der Tumor habe nicht gestreut. Plötzlich bekam dieses Abenteuer eine neue, zusätzliche Motivation. Ich wollte einfach Gott ›Danke‹ sagen. Aus meinem ersten *Camino* sind inzwischen schon drei geworden, ergänzt durch einen Franziskusweg in Umbrien.

Auf den verschiedenen Wegen bin ich Menschen begegnet, die mich in ihrer jeweiligen Lebensart, mit ihren Einstellungen und Haltungen, mit ihren Fragen und Ängsten, mit ihrer Hoffnung und Lebensfreude sowie mit ihrem Glauben sehr bereichert haben. Dafür bin ich allen sehr, sehr dankbar.

Die Begegnungen mit vielen Menschen – Männern wie Frauen – haben mich inspiriert und irgendwann auf die Idee gebracht, die Geschichten, Erfahrungen und Einsichten meines Pilgerns aufzuschreiben, um sie für mich und andere festzuhalten. Ich bin mir inzwischen sicher, dass das Leben für jeden Menschen einen eigenen, individuellen »*Camino*« bereithält.

Man muss allerdings wagen, ihn auch zu gehen.

Von Herzen möchte ich allen danken, die mich dabei unterstützt haben, dieses Buch zu schreiben.

Besonders möchte ich den Salzkottener Franziskanerinnen, Sr. Hiltraud, Sr. Irmina und Sr. Theofriedis, im Haus Marienau im Schwarzwald danken, die mir Jahr für Jahr Gastfreundschaft

schenken und sich um mein Wohlergehen sorgen. Bei ihnen habe ich die Ruhe gefunden, mich auf das Schreiben konzentrieren zu können.

Danken möchte ich den guten Geistern der Sonnenhofklinik in Höchenschwand, die mir sowohl in professioneller Weise als auch in ihrer herzlichen Art geholfen haben, Körper, Geist und Seele in eine gute Balance zu bringen.

Danken möchte ich Karin, Thomas und ihren Kindern, die mir mit ihrer Freundschaft ein neues Stück Heimat im Schwarzwald ermöglicht haben.

Danken möchte ich denen, die mich in diesem Buchprojekt wohlwollend und auch kritisch begleitet haben. Mein Freund, Prof. Hermann Schlagheck sei an erster Stelle genannt. Er hat mich zuweilen ›gepiesackt‹ und auf Trapp gehalten. Und das war gut so! Ebenso danke ich seiner Frau Renate, die ihren eigenen Anteil am vorliegenden Buch hat und deren Computer auf den Zuruf ›Santiago‹ ganz von alleine angeht.

Auch Sr. Judith in Erbach und Eli mit ›Klein Jakob‹, mehr als eine entfernte Verwandte, möchte ich nicht vergessen. Und Dina, die mir immer gerne und geduldig zugehört hat.

Danken möchte ich Abtprimas Notker Wolf, nicht nur für sein Geleitwort, sondern besonders für unser Kennenlernen in Rom, für seine liebewerte und menschennahe Art und für sein ›burn in‹, von dem er nicht nur redet, sondern es auch überzeugend lebt.

Danken möchte ich allen lieben Menschen, die im Alltag meines Lebens zu mir gehören und die auf je eigene Weise ihren eigenen und wertvollen Anteil an diesem Buch haben.

Danken möchte ich dem Barton Verlag und insbesondere Frau Marietta Thien, die sich für dieses Projekt interessieren und gewinnen ließ.

Danken möchte ich Yvonne, die mich bei der Entscheidung für diesen Verlag überzeugend beraten hat.

Und schließlich danke ich allen lieben Menschen, mit denen ich auf dem *Camino* unterwegs sein durfte, die ich kennengelernt habe und mit denen ich weiterhin eine freundschaftliche Verbundenheit pflegen darf.

Sie sind die eigentlichen Verfasserinnen und Verfasser dieses Buches.

Gott segne und beschütze sie!

Mit dem Erlös aus diesem Buch unterstütze ich gerne den ambulanten Kinderhospizdienst in Köln und die ökumenische Hospizgruppe Rheinbach/Meckenheim/Swisttal.

Hosentaschenzettel-Anhang

Vor Jahren bekam ich zum Geburtstag, den ich eigentlich gar nicht feiere – höchstens einen ›runden‹, ich bin nämlich eher ein Namenstag-Fan –, eine kleine Kiste mit lauter Sinnsprüchen geschenkt. Es waren genau 365 Zettel, also für jeden Tag einen. In der Vorbereitung auf meinen ersten Camino kam mir die Idee, für jeden Tag solche Zettel mitzunehmen und mit ihnen ein festes Ritual zu vollziehen.

Aus einer einfachen Plastiktüte zog ich morgens und mittags einen Zettel. Ich las den Text laut. Wenn er mich ansprach – in einem ganz wörtlichen Sinn –, dann behielt ich ihn und steckte ihn in die Hosentasche; wenn nicht, wanderte der Zettel in den nächsten Papierkorb.

Unterwegs hatte ich genügend Zeit, mir über das Gelesene so meine Gedanken zu machen. Und auch der Heilige Geist hatte seinen Raum, mich auf so manche Gedanken zu bringen.

Dieses Ritual ist mir inzwischen so lieb und teuer, dass ich es auch im Alltag vollziehe. Es hilft mir, bewusster zu leben.

Irgendwann habe ich mich hingesetzt und eigene Hosentaschenzettel kreiert.

Und vielleicht ist ja der eine oder andere der folgenden Sprüche oder Sätze es wert, in einer Hosen-, Mantel- oder Handtasche ein Stück des Weges mitzugehen.

Sie können den Hosentaschenzettel-Anhang als pdf herunterladen unter www.barton-verlag.de.

Verhandle nicht mit Deinen Alpträumen.
Folge Deinen Träumen.
Sie schicken Dich ins Glück.

Solange eine Sehnsucht in Dir brennt, ist der Traum vom Leben nicht vergebens.

Du musst brennen für Deinen Traum,
dann kannst Du ihn auch leben.

Bleibe neugierig Tag für Tag,
so wird Dein Leben nicht fad und trist.

Trau Dich ins Neuland,
das Leben will entdeckt werden.

Geh in die Fremde und
mach Dich schutzlos,
dann lernst Du Deine
Heimat schätzen.

Trau Dich. Wag Dich.
Glaub an Dich.
In Dir steckt die Energie,
die Du zum Leben brauchst.

Such Dir einen Stern am Himmel aus.
Gib ihm den Namen eines Menschen,
den Du liebst.
Diese Liebe möge Dich begleiten durch
Tag und Nacht.

Lerne Deine Grenzen kennen und sie annehmen.

Lebe mit ihnen, Dein Leben wird es Dir danken.

Vertrau auf Dein Herz.

Seine Sprache kennt keine Grenzen.

Warte nicht, bis jemand »Buen Camino« zu Dir sagt.

Komm ihm zuvor und wünsche ihm einen ›Guten Weg‹.

Lerne zu schweigen – und überlass das Geschwätz anderen.

Du aber schaffe Raum und Zeit für Deine Sinne.

Dann können sie zeigen, wie wertvoll sie sind.

Achte auf Dich und
sei Dir gut.
Du hast nur ein Leben auf
dieser Erde.

Trainiere Deine Sinne jeden Tag,
damit sie nicht aus der Übung kommen
und Dein Leben nicht verkümmert.

Übe zu hören auf das Gesagte
und Ungesagte.
Erkenne die Botschaft, die Dir
darin gilt.

Übe zu sehen und streck Dich
aus nach dem Unsichtbaren.
Dann kommst Du dem
Lebendigen auf die Spur.

Übe zu riechen die Düfte,
die Dich locken, jedoch nicht
verlocken. Und achte darauf,
dass Dein Lebens-Duft sich
in Liebe verströmt.

Übe zu gehen, damit Deine
Ziele nicht zur Utopie werden.

Nimm Dir Zeit zum Staunen,
das macht Dein Herz frei und weit.

Loben ist ein Grundton Deines
Herzens.

Er muss jedoch von Dir gesungen
werden, damit er Gehör findet.

Genießen braucht seine Zeit.
Gönne sie Dir nicht nur ab und zu.
Denn es sind himmlische Momente.
Schwester Sonne, Bruder Mond,
Mutter Erde, Schwester Wasser,
es sind Deine Geschwister,
ehre und achte sie.

Begegnungen – Reichtum Deines Lebens.
Sie wollen gesucht und gefunden werden.
Lass Du Dich aber auch finden.

Natur, sie ist mehr.
Sie ist Schöpfung.
Sei offen für die Begegnung
mit ihrem Schöpfer.

Menschen – begegne
ihnen auf Augenhöhe.
Dann können sie Dir
ins Gesicht schauen.

Freundschaften –
sie machen Dich reich und glücklich.
Aber bedenke, sie sind kein Besitz.

Mahl halten – das ist
mehr als Nahrungszufuhr.
Es ist eine Kunst, zu leben
im Hier und Jetzt.
Und es schenkt, was
wirklich sättigt.

Teilen macht Dich nicht ärmer,
sondern gemeinsam glücklich,
und sei es nur für einen Augenblick.

Das Kleine ist das Große.
Das Große ist das Kleine.
Es kommt auf die Perspektive an.

Sei verrückt – und sei es oft.
Nur so veränderst Du Deinen Standpunkt.
Menschsein – es ist die Art Gottes.
Mach es ihm nach.

Lachen ist gesund und ansteckend.
Entzünde einen Flächenbrand.

Weinen ist Bewegung Deiner Seele.
Lass es zu, sonst bekommt sie Angst.

Danken heißt denken und nachdenken.
Nichts im Leben ist selbstverständlich.

›Danke‹ möge jeden Tag
mindestens einmal
in Deinem Wortschatz sein.
Das öffnet Dir den Himmel.

Himmel auf Erden –
ein Früchtekorb am Wegesrand
und ein Schluck Wasser – einfach so!
Waren es Engel?

Mein Freund, der
Rucksack –
ich brauche ihn und
er ist für mich da.

Gott spricht zu Dir,
wann und wo und wie auch immer.
Willst Du hören, was er Dir zu sagen hat?

Besuche Dich selbst.
Bist Du zuhause?

Bei sich selbst sein.
Schaff Dir diesen Raum
zum Ein- und Ausatmen Deiner Seele.

Dein Camino ist kein Spaziergang.
Er kann sogar zum Leidensweg werden.

Wer ist Gott für Dich?
Zufall? Schicksal? Fügung?
Rätsel? Nichts?
Oder mehr? Viel mehr?

Überraschungen lassen Dein Leben
nicht zur Gewohnheit werden.
Möge Dir Dein Leben viele schöne
Überraschungen schenken.

Engel – es gibt sie.
Aber ohne Flügel.
Sie meinen es immer
gut mit Dir.
Gott sei Dank.

Riten und Rituale –
alte oder neue – sie helfen leben.
Du musst sie nicht
ständig neu erfinden.

Kirchen und Kapellen am
Wegesrand laden Dich zum
Verweilen und Ausruhen ein.

Du betrittst heiligen Boden.

Und Gott spricht zu Dir:

Sei willkommen im Leben.

Ankommen – das Ziel erreicht.
Du hast es geschafft.
Sei glücklich und dankbar.

Kraftorte – es gibt viele davon.
Du musst Deinen selbst finden.
Er wartet auf Dich.

Jakob – ein heiliger Name.
Ein Mensch mit einer
besonderen Geschichte.
Willst Du ihn kennenlernen?

Gottesdienst – Raum und Zeit für Gott.
Du lässt ihm Raum und Zeit.
Und er kann für Dich da sein.

Der Heilige Geist –
Atem Gottes –
Anstifter – Unruhestifter –
Intuition – Inspiration –
Begeisterung – Spirit – damit
Dein Leben lebendig ist.
Willst Du es mit ihm zu tun
haben?

»Auf Wiedersehen«
Eine banale Floskel oder
ein Versprechen?
Willst Du es mit Deinem
Camino wieder wagen?

Geh – und finde Deinen Camino!
Er wartet auf Dich und hat viel
Geduld mit Dir.
Lass ihn nicht zu lange warten!

Jeder hat seinen ganz eigenen
und unverwechselbaren Camino.
Trau Deiner Sehnsucht!
Gott ist Dein steter Wegbegleiter.
Ob Du es glaubst oder nicht!

Finde Deinen Camino
– und geh!

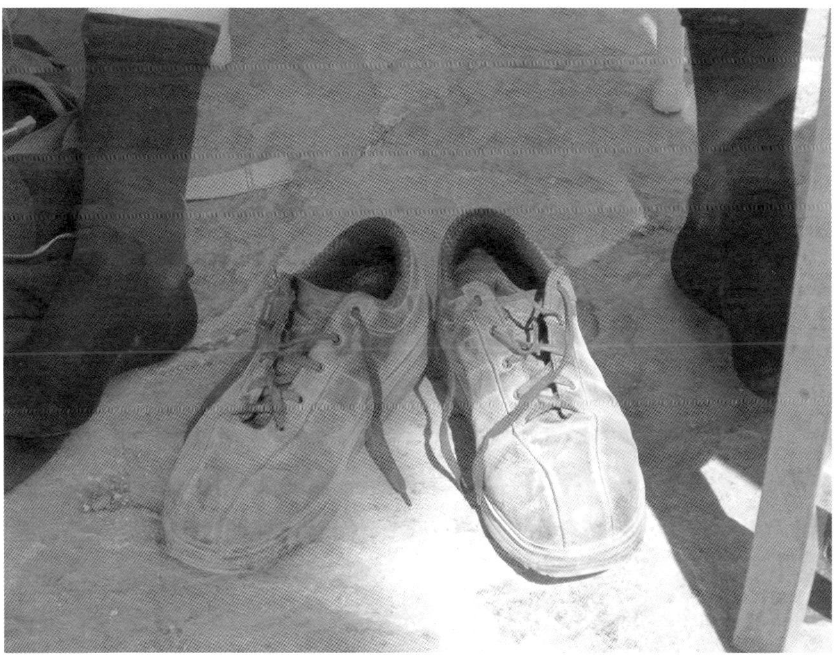

Camino 2011 – Der französische Weg		
Tag	**Weg**	**Km**
Dienstag, 26. 07.	Frankfurt/Hahn – Santander, Autofahrt nach **Cebreiro**	Hin-flug
Mittwoch, 27.07.	**Cebreiro – Triacastela**	22
Donnerstag, 28.07.	**Triasastela** – Samos – **Sarria**	21,1
Freitag, 29.07.	**Sarria** – **Portomarin**	23,3
Samstag, 30.07.	**Portomarin – Palas de Rei**	25,5
Sonntag, 31.07.	**Portomarin – Ribadiso**	26,9
Montag, 01.08.	**Ribadiso – Pedrouzo**	23
Dienstag, 02.08.	**Pedrouzo** – **Santiago**	21,2
Mittwoch, 03.08.	Aufenthalt in Santiago	
Donnerstag, 04.08.	Santiago – Frankfurt/Haan	Rück-flug

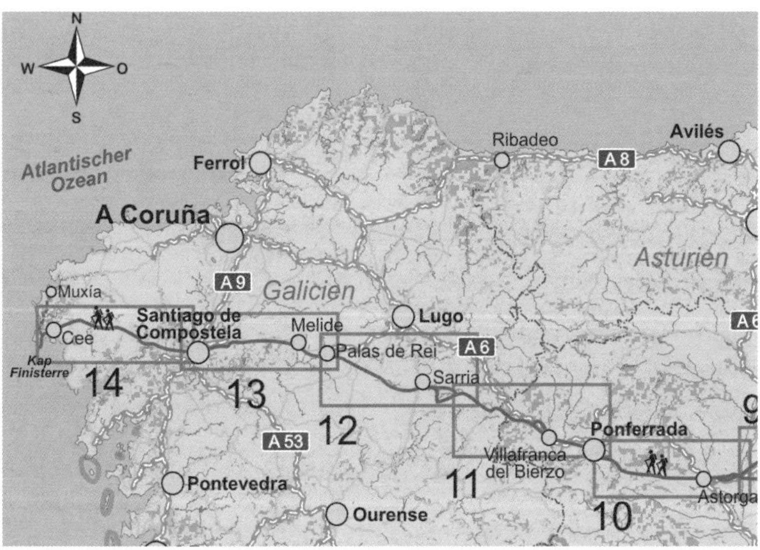

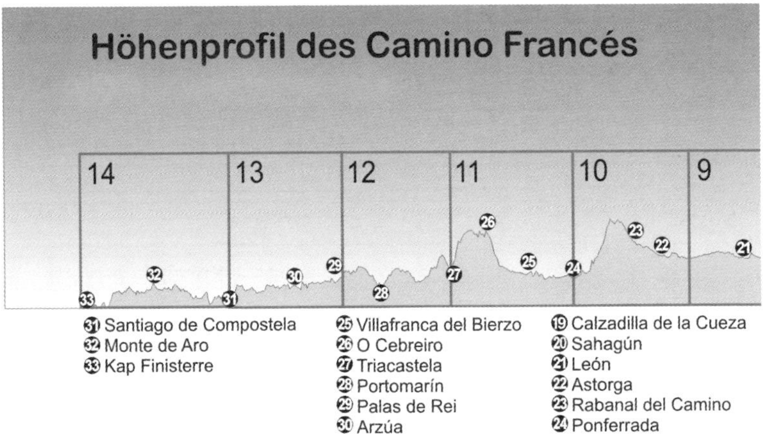

Camino 2013 – Der Weg zum Kap Finisterre		
Tag	**Weg**	**Km**
Sonntag, 6.10.	Frankfurt/Hahn – Santiago	Hinflug
Montag, 7.10.	Santiago – Negreira	23
Dienstag, 8.10.	Negreira – Santa Marina	21,9
Mittwoch, 9.10.	Santa Marina – Olveiroa	12,4
Donnerstag, 10.10.	Olveiroa – Cée	20,5
Freitag, 11.10.	Cée – Kap Finisterre	15,7
Samstag, 12.10.	Fisterra – Santiago	Bus
Sonntag, 13.10.	Santiago – Frankfurt/Hahn	Rückflug

von Santiago nach Fisterra 2013

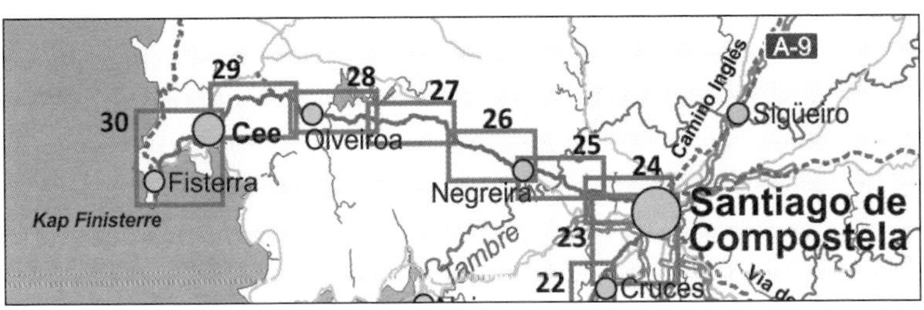

Camino 2014 – Der portugiesische Weg		
Tag	**Weg**	**Km**
Montag, 11.08.	**Porto** – **Lavra** (Café Sandra)	25,8
Dienstag, 12.08.	**Lavra** – Rates – **Pedra Furada**	30,8
Mittwoch, 13.08.	**Pedra Furada** – Barcelos – Portal de Tamel + Busfahrt nach **Valenca**	18
Donnerstag, 14.08.	**Valenca** – Tui – O Porrino – **Mos**	26,9
Freitag, 15.08.	**Mos** – Redondela – **Arcade** – (+ Taxi nach Pontevedra)	18,2
Samstag, 16.08.	**Pontevedra** – Portella-Briallos – **Caldas de Reis**	22,7
Sonntag, 17.08.	**Caldas de Reis** – O Pino – Pontecesures – **Padròn**	21,9
Montag, 18.08.	**Padròn** – **Santiago**	16,6
Dienstag, 19.08.	Santiago Rückflug	

Die Karten sind entnommen mit freundlicher Genehmigung des Conrad-Stein-Verlags aus dem Outdoor-Handbuch »Der Weg ist das Ziel«:

»Jakobsweg Camino Portugués« und »Jakobsweg Camino Francés«

von Porto nach Santiago 2014

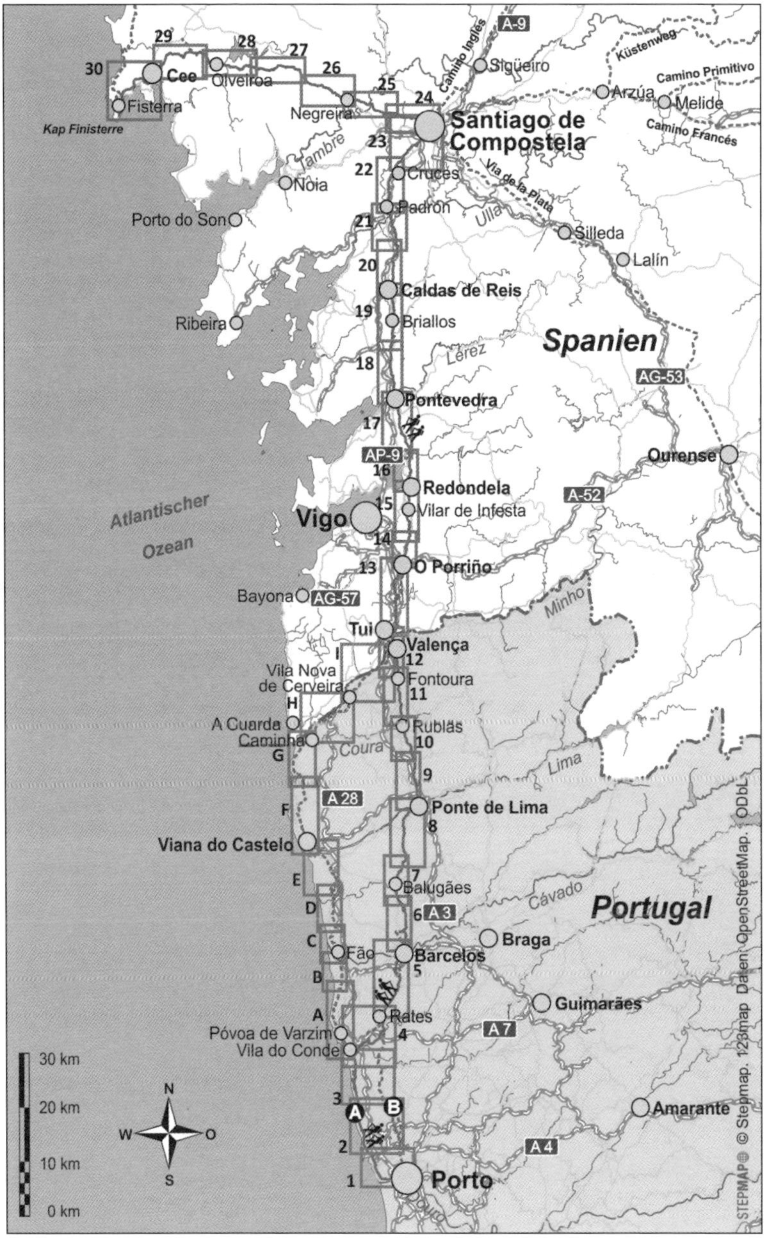

Camino de Santiago

Credencial que expide:

SANTIAGO FREUNDE KÖLN

Fecha: ... .14

A favor de: Eschweiler, Michael

61 Años D.N.I.:

Dirección: Kirchstr. 25

D53913 Swisttal-Heimerzh.

Comienza la peregrinación en Porto a Santiago de Compostela:

a pie ☒ en bicicleta ☐ a caballo ☐

En las casillas deberá figurar el sello de cada localidad (al menos dos por día) con la fecha, para acreditar su paso.

"Dios ayuda y Santiago" (D.A.Y.S.I.)

Cumplió la Peregrinación.

Sello:

18 AGO. 2014

OFICINA DEL PEREGRINO · S.A.M.I. CATEDRAL · SANTIAGO

Santiago, a ______ de __________ de 20 ____

Certificación de Paso

FIRMAS Y SELLOS

winehostel
Campo dos Mártires da Pátria, n.º 52
4050-366 Porto
Tel: +351 222 013 167 Fax: +351 222 013 169
www.winehostel.pt • book@winehostel.pt

Fecha: 10/08/2014

FABRICA DA CATEDRAL DO PORTO

Fecha:

Catia Oliveira Soc. Unipessoal, Lda.
Cont.: 510 382 231
Av. da Republica, n.º 47
4450 Matosinhos

Fecha: 11.8.2014

Asociación Galega Amigos do Camiño

A.G.A.C.S

RIBADELOURO

Fecha:

António Camposinhos Araújo & Filho, Lda
"Restaurante Bar Azul"
N.I.P.C: 503 560 669
Avª da Liberdade s/n
4450 - 716 Leça da Palmeira

11/8/2014

Fecha:

Fecha:

11/08/2014
Lamenoisco
Praia Azul
Angeiras
Norte

Fecha:

RESIDENCIAL SANDRA
Rua do Facho, 34 - Vila Chã
C. P. 4485-717 Vila do Conde
tlf. 229 283 634
tlm. 917 487 512

Fecha: 11/08/2014

El Camino de Santiago es un camino de Peregrinación

"La historia de la Iglesia nos ha legado un gran patrimonio de fe y de piedad cristiana en el Camino de Santiago. Corresponde, por tanto, a la Iglesia la responsabilidad pastoral de la custodia de este legado"

(Obispos del camino)

"El Camino de Santiago fue, durante siglos, un camino de conversión y de extraordinario testimonio de fe"

(Juan Pablo II a los jóvenes en 1989)

PENSIÓN-ALBERGUE
FLAVIA
Campo da Feira,13 -PADRÓN-
981810455

17.8.14

17.8.2014

O Alpendre Do Camiño

18-08-2014

CAFETERÍA C. CULTURAL

18.8.2014